刊行のことば

現行憲法の下で、帝国議会は国会となり、貴族院は参議院へ引き継がれた。尚友倶楽部（前身・研究会、尚友会）は、明治以来、貴族院の選出団体として重要な役割を果してきたが、戦後は、純公益法人として、日本文化の国際的理解に役立つと思われる、公益事業や、学術団体、社会福祉、などへの援助を中心に活動をつづけている。

近現代史に関連する資料の公刊もその一環である。昭和四十六年刊行の『貴族院の会派研究会史・附尚友倶楽部の歩み』を第一号として、平成二年までには十二冊の「尚友報告書」を発表した。平成三年刊行の『青票白票』を第一号とする「尚友叢書」は、平成二十七年には三十七冊となり、近現代史の学界に大きく寄与している。

一方「尚友ブックレット」は、第一号『日清講和半年後におけるドイツ記者の日本の三大臣訪問記』を平成六年に非売品として刊行し、以後三十冊を刊行し今日に至っている。「尚友ブックレット」は、原文書のみならず関連資料も翻刻刊行してきているが、未公開の貴重な資料も含まれており、一般の方々からも購入の要望が多く寄せられてきたので、二十一号から一般にも入手できるような体制を整えてきた。

今回刊行の第三十一号は、小林次郎の昭和二十年の日記である。この年は太平洋戦争末期から敗戦後にかけての、正に激動の時期である。小林次郎は昭和十五年に貴族院書記官長に就任して在任のまま貴族院勅選議員になり、その後貴族院廃止に前後して、参議院開設準備委員長を経て初代参議院事務総長の職に就いている。云わば貴族院から参議院への移行の生き字引であり、その日記は歴史的、学問的価値が大きいと同時に、読み物としても興味あるものである。

今後も研究等に有効に用いて頂き、近現代史の学術研究に役立つことを願っている。

二〇一六年十一月

一般社団法人　尚友倶楽部
理事長　波多野敬雄

小林次郎（明治24年-昭和42年）

貴族院議員中国視察団員と
（大正14年11月）

大城兼義（多額）
小林次郎
田村新吉（多額）
三室戸敬光（子爵）
保科正昭（子爵）
小畑大太郎（男爵）
関　義寿（男爵）

貴族院議員中国視察団に同行
（大正11年４月）

貴族院多額納税議員とともに　後列右端が小林（昭和14年３月）

昭和天皇、帝国議会開設50年記念式典に貴族院に行幸。予算委員会室にて史料130点を御覧　写真中央に侍立する小林が見える（昭和15年11月29日）

鴨猟にて

貴族院書記官時代

庸二
夫人まつ
美津子
保民
利男

孫と

左から
夫人まつ、
小林、
長女美津子

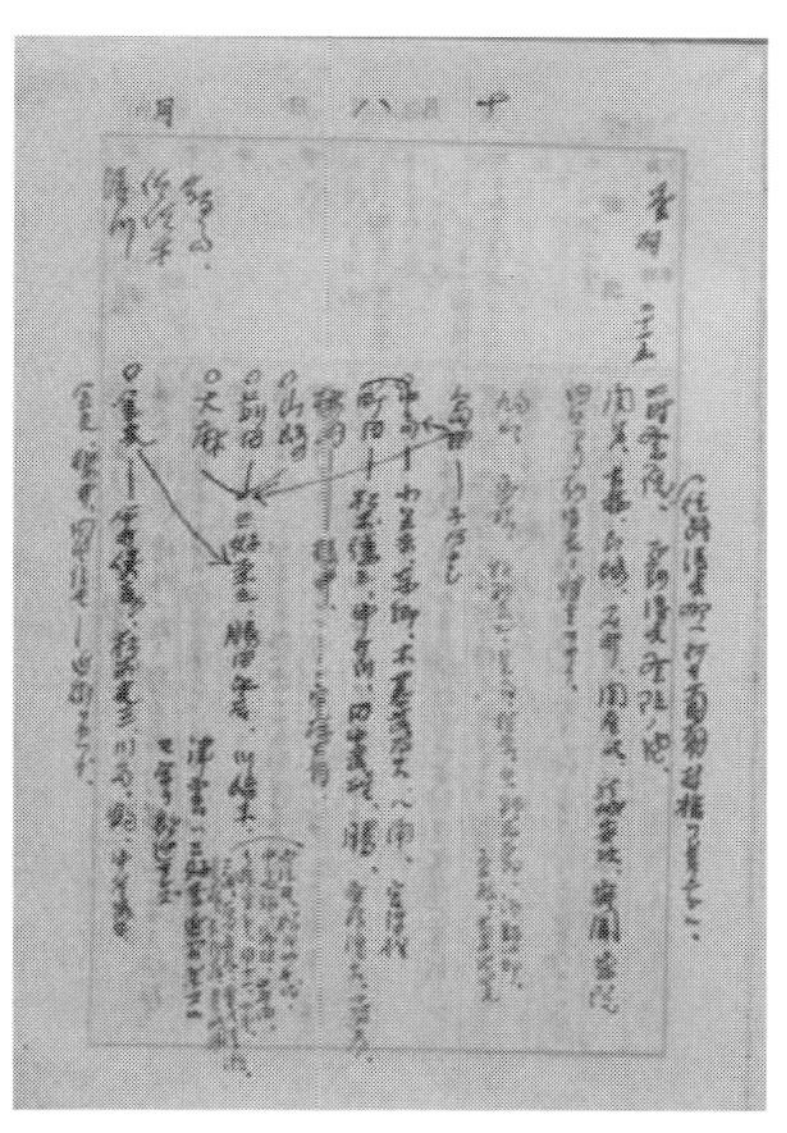

日記原本 10月８日（②）

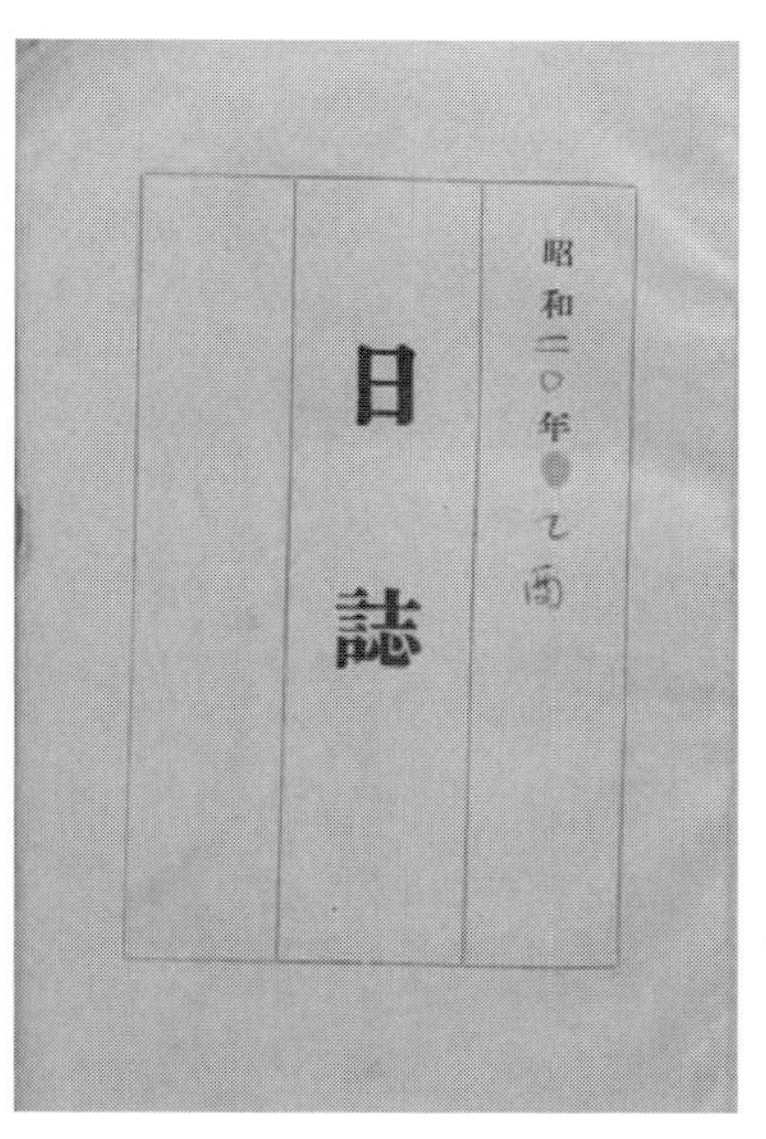

内表紙「昭和20年乙酉日誌」（①）

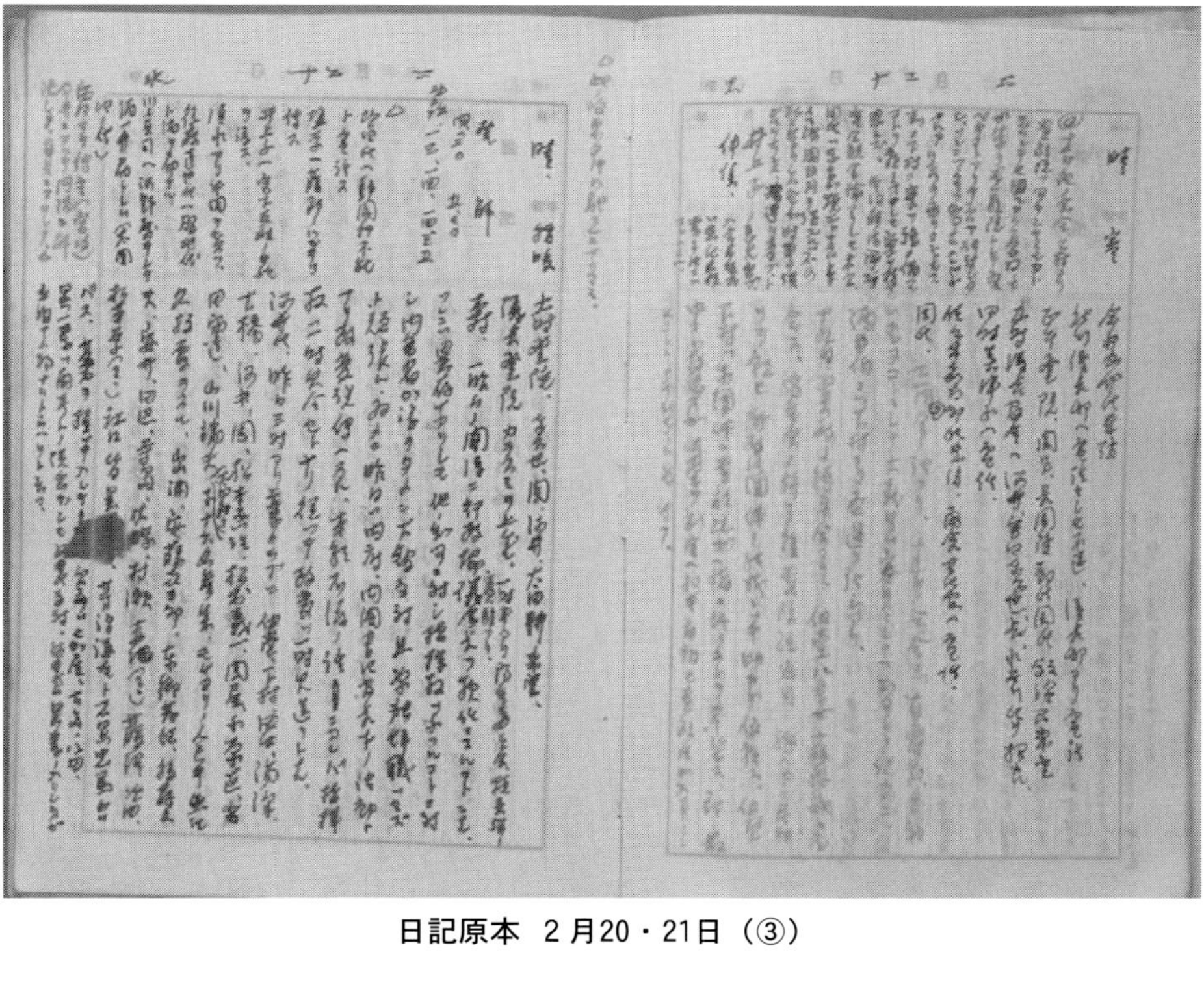

日記原本 ２月20・21日（③）

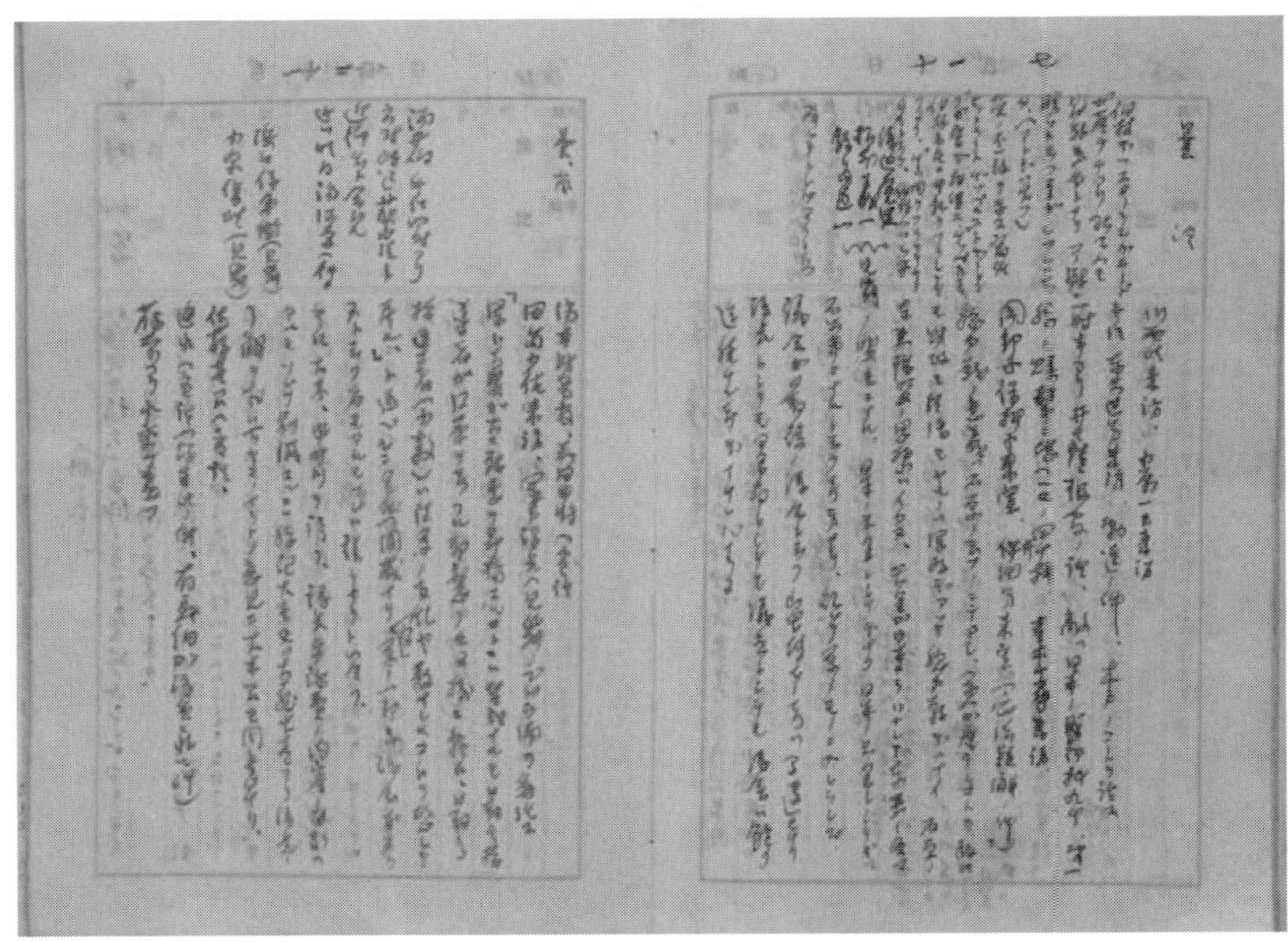

日記原本　７月20・21日（④）

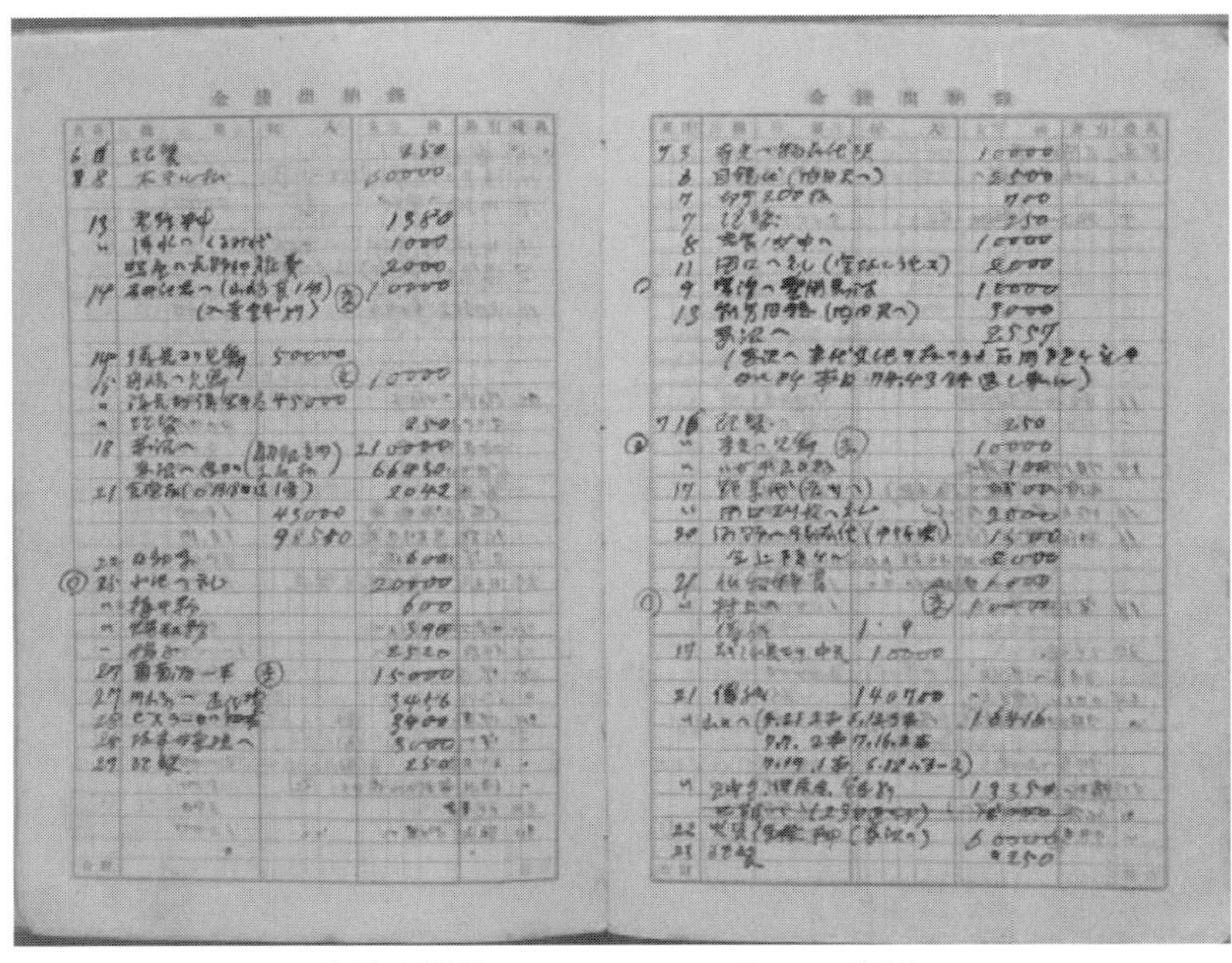

金銭出納簿　６月８日～７月23日（⑤）

尚友ブックレット31

最後の貴族院書記官長 小林次郎日記

——昭和二〇年一月一日～一二月三一日——

尚友倶楽部
今津敏晃
編集

芙蓉書房出版

最後の貴族院書記官長　小林次郎日記　目次

凡例

一　本書は国立国会図書館憲政資料室所蔵「日誌」（「小林次郎関係文書」一―二）の翻刻である。

一　翻刻に際して原本巻末にある「金銭出納録」（口絵写真⑤参照）は割愛した。

一　日記中には今日の価値尺度からみて不適切と思われる表現があるが、特別の事例を除いては、本書の史料の翻刻という性格に鑑みそのまま再現した。

一　日記原本中では◎、△などの記号を使用して、別箇所に記述をつなげているが、翻刻に際しては一続きに翻刻した（口絵写真③参照）。

一　日記原本のインクの薄れなどにより判読不能の部分については翻刻せず、その旨を記した。

一　句読点については読みやすさを考えて適宜加除した。また、漢字は原意をそこなわない限り当用漢字を用いた。

一　明白な誤字・脱字には、傍注を〔　〕にいれて右脇に示した。ただし頻出するものについては初出時のほか、若干の箇所に示した。筆者独特の用字・用語には特に傍注を付さなかった場合がある。

小林次郎日記

昭和二〇年一月一日〜一二月三一日

一月一日（月曜）

九時参賀。同日午に沢田廉三に会ふ。

富田、西尾子、酒井伯、松村義一、清水澄、青木、中村、河井、野村大将、山岡、徳川公、二上、小阪〔ママ〕順、佐々木、岡部、東久世、藤原、伊東子、大木へ廻礼。

午後一時飯沢、高宮、川西来訪、麻雀。（一）七〇〇。

石橋君来訪。

（発信）父上、庸二（三十四）、川越、鈴木邦義、稲畑、三郎、原口初太郎

（受信）小阪〔ママ〕順造

一月二日（火曜）　晴

内田信也より電話。

十時発。重光、岡田、木村、次田、横山、内ケ崎、伊沢、川部、田口、田中、児玉伯、岩倉男、保科子、長、伊江、大池、吉家へ廻礼。

浅野豊、古井喜実、松村春次来訪。雄造夫妻来訪。

谷移転し来る。

小出より電話。長野大雪の由。

登院。赤沼、川崎在り。

夜長野へ電話す。大雪なる由に付帰長を見合せる旨を話す。保氏出て、大雪にて自動車動かずと云ふ。

山口嘉夫、水田直昌（不在）へ電話。

阿部鶴来訪。酒をやる。

（受信）長嶺将快

一月三日（水曜）　晴

九時半真藤慎太郎氏へ年賀。

後朝鮮総督府に水田局長を訪ふ。手を引くにしても、納得の行くやうにするが可なり。塩田鉱工局長に早速手紙を出すべし。

十時次田、薬師寺、松村来訪。麻雀。（十）一四〇〇。

古井より電話。田中辰之助来訪（魚を貰ふ、酒を上げる）。

小出一二三来訪（煙草をやる）。寺田、上原来訪（林子を上げる）。寺田の父はネグロス島に居る由。館林

来訪。

関男より電話。

梅津を首班とするものなるべし。東条は最近又岸との関係よくなりしと云ふ。東が岸を敵とするの不利を覚りしものなるべし。結局は若、岡、近、平の四人が入閣し、皇族を主班とする内閣出で善後処理をする外なかるべし。比島の失陥も遠からず、案外早く結末がつくに非ずやと考へらる。比島がおちれば、台湾をすてておいて琉球、硫黄島をとり、次に本土に迫るべし。レーテ島の失敗もグアダルカナルの失敗と同一規に出ている。此の分では本土上陸も絶無とは限られず。飛行機工場が絶滅しガスリムが全くなくなれば（消防自動車のガスリンなし、哨戒用のガスリンにすら事かく現状なり）、大砲と小銃にて防禦す。

一月四日（木曜）　曇
九時登院。

九時半発、池袋駅にて関男と会ひ、竹内松医務長を訪ひ仲俣の子のことを頼む。

十二時半再登院。酒井伯在り。石井記者来訪。小出ラジオ持参。

二時より関、田口、古池と麻雀。（十）五〇〇。松子より電話、三郎と話す。

風呂を立てる。

石井、此の内閣に何となく無策なる故退陣すへきものなりとの声高くなる。再開前政変あるやも計られず。東条内閣のサイパン失陥の如き具体的の欠点はなし。広瀬が首相の使として藤原の辞表をとりに行きしとき（国務大臣として岸の二代目の次官をして貰ひ自分が軍需相を兼任せむとせしもの）、生産の上らざるは小磯が陸海軍の云ふことをきいて来て決断をせざるためなり。自分は老衰したからよせと云へばよすが、小磯が兼ねるのでは更迭の意義なし。従て次官たることを得ずと断りたり。近は小磯内閣には始めより希望をもたざりしと云へり、と云ふ。

（発信）八条子、関男、藤沼氏、西大路子

（受信）牧野良三
小林立義

一月五日（金曜）　晴

朝五時警戒警報。佐藤書記官へ電話（次田氏の件）。

内田、館林へ電話。

木村進来訪。保科子来訪。稲畑勝へ電話。

館林来訪。近藤より電話。小沢来訪、餅持参。

田中辰之助来訪、鰯を貰ふ。信毎支局へ電話。山口嘉夫へ電話。

午后田口氏夫妻来訪。田中計器社長。

木、陸軍は、天皇陛下が三流国として国体を護持せむとするならば、廃立をも辞せざるべし。何となれば斯くならば軍人の乞食が出来る故なり。

館、内務省の官吏には、（一）どうにかなる、（二）指導者として敗戦の暁のことをも考へねばならぬが自分等の力ではどうにもならぬ、と云ふ二種の考へ方のものあり。大体は深刻に考へず。国民に投票させたらば一応武力戦を続くべしとの票多からむも、その内心には三流国でも国体を護持して再挙をはからむとする考強かるべし。東条内閣が存続せば今頃は戦況不利なるに付き国民を強圧し、ために国家は二分し治安は悪化せしならむ。小磯内閣の出現はこの風気を緩和せり。しかし無策なり。次の内閣は不明なるも寺内以外なし。こう云ふことを云ふと敗戦思想と云ふものあり。陸軍と云へども勝利を得ると考へおる者はなし。ただ米兵が本土上陸をしても日本人全部を殺すことが出来ぬと云ふ詮めがつけば、それが勝利的と云ふ者はあり。民族を亡ぼすことは歴史に徴し困難なり。

木戸をやめる要あり。木戸は文書課長程度の人なりと云ふ人あり。

木村の意考は、外交も今は陸軍が指導しおれり、従て自分は打つ手なし、自分にやらせれば国体を護持し、五十年百年の後には日本を再び盛にならしむる如く戦争の結末をつける策ありと云へりと云ふ。

館　陸軍は戦局の不利を伴ひ戒厳令を布き全責任を負

ふことは之をさけ、内相を陸軍で兼摂するが如き方法により実質を握るに至るべし。

（受信）内田信也
　小阪〔ママ〕武雄

一月六日（土曜）

山岡氏へ電話（不在）。中川望、亀山に電話。

安井英二、中川望、小村捷治、東久世男来室。

十時より思想委員会。理髪。

田口氏より電話（田中計器の件）。

森部へ電話（斎藤の件）。

小沢を徳川宗敬伯の義父の告別式に遣はす。

三時上野発帰長。運転手下手のため松井田にて三十分おくれ長野着。十一時車なく雪道を帰宅す。

（発信）寺田弘一　渡辺覚造　清水雄一郎　小林定義
　仲俣徳一郎

一月七日（日曜）　雪

伊藤一雄へ電話。小池を訪ふ。百円礼を上げる。藤野へ電話。

仲俣へ電話。夜石井、井沢政頼来訪。

（受信）伊沢氏　稲畑氏

一月八日（月曜）

五時起床。六時十分発の列車（三十分遅発）にて帰京。

小山邦太郎、高橋警察部長、久原某と同車。

加瀬、安岡、保科子来院。

加瀬君来訪、三十日の最高会議に、首相は会議の終りし後本日外の用事にて拝謁せしに、レーテは如何せしや、之に破るゝが如きことあらば国民の志気に及す処大なりと仰せられたり。陸海軍はどうする積りなりやと云ひしに、陸軍は補給の出来るまで致し方なしと云ふ。然らばすてる考なりやと云ひしに、捨てるには非ず、補給の出来るまで致方なしと云ふ。レーテが天王山なりと云ひし手前困ると首相は云ふ。陸軍は、そんなことを統卒〔ママ〕部は云はず、政府が勝手に云ひしものなりと云ふ。陸軍はレーテにのみ船を集中すると他の比島の部分に上陸せらるゝおそれありと云ふ、首は支那大陸へ上陸すべしと云ふ。結局決戦場は比島全体と云ふことに変更することとなれり。陸軍は戒厳を布くこ至らむ。国力会議にて陸軍は、飛行機四万機（昨年は五万機、二万八千機できた。練習機が主）（本年は二万機しか出来ざるべし）、鉄三百五十万屯（本年は二百五十万屯出来た）、アルミニューム十五万屯要求、出来ぬと云ふ対案を出すと敗戦主義と云ふ。かくて政府に生産の責任を負はせ、それに基き作戦したりとして敗戦の責任を政府に転嫁せしめんとす。もし生産の責任を政府がとらざる場合は弱体内閣故之を仆すと云ふ。故に政府は容易に出来ぬと云はず。岸に最近あひしが、東条は接近の様子は見へず。一、二の両日熱海の重光別邸にて近公と同席、困ったと云ふのみ、今の処米の媾和条件を緩和する道なし。日本の再建を如何にするやの問題のみなり。グループを作る。参謀本部にも二、三の同志あり。思想の方は志賀直三、阿部能（マヽ）成、等を考ふ。

夜（六時）吉本連中を議長官舎に招待す。

一昨日尾沢修治来訪せし由。

（発信）伊沢氏へ宿所表等を送る。

　島田農商大臣（餅）、阿部総力連盟総裁（林子）へ礼状。

一月九日（火曜）　晴

朝神村中将、遠藤政務総監、古井、大森憲治へ電話。

山岡氏を訪ふ。

木村来院、小磯はスロモー内閣とか木炭自動車内閣とか云はれるのは、東条内閣が号令でやった後を受け、そのまゝ号令でいったのでは民心がわからぬ、民心を知るために暫くスロモーで行ったので、之からは強力政治で行くと云ひしと云ふ。

松平親義子来院、総督府では政府で声明せし以上鮮人処遇は是非実現せられたしと云ひ、更に板垣司令官も軍も全面的に支持すると云へり。八角団長はなるべくその方向に行くやうにすべしと云へり。

十一時遠藤氏を訪ふ。今井の話。

正午官舎にて議長が徳大寺公、二荒伯、清閑寺伯、富小路子、関男を招きしに陪す。空襲警報発令。

二荒、最後迄戦ふの外なし、個人の生死を考ふるは不可。

秋田三一君来訪。飛行機増産委員会設立の件。

三時半田中官長を訪ふ。公約事項を議会に報告の件。

四時半古井君来訪。

五時より議長官舎に松野達を招く。

古井、穂積五一、三上卓等の脱退は翼壮の内部闘争の結果なり。始め建川を団長とせしとき、建川は同系統の橋本欣五郎を入れる。小林順一郎は橋本とは系統が異ふ。穂積等は橋本の系統なり。穂積等を追ひ出すことには小林の力大に預りたり。他面翼政は行詰り打解の為め翼賛会と翼壮をこはし自らがその主力とならんとする者と、自分等も解消して新なる組織をつくりその内部にありてその運動を指導せむとするものと出でたり。建川は之を知りいやけをさす。（小磯より少し諷したるやも知れず。）又内紛もあり遂に建川は辞表を出す。翼政は今日より対策を研究することとなる。岸と東条とは仲よくはならず。岸、鮎川、久原は一味なり。倒閣を策す。岸は寺内樹立をやめ、少壮内閣を夢む。迫水、美濃部、菅太郎等と策動しつゝあり。陸軍は宇垣には絶対反対、鮎川は統合計画局を手中に収めんとして失敗、その後義済会研究部の研究せしことを、統合計画局を介して実現せむとし参与等を頻りに招致などしおれり。

（予記）大浦育英会（五千円払込）。

田村を経て議長へ立替の五八〇円返済を受く。

二荒伯より質問の通告。

思想参謀本部の設置に付き首相。

酒二升。

（受信）稲畑勝太郎
鈴木邦義
藤沼庄平

鈴木菊雄
東部軍経理部より、小平村の地所を借りたしとのこと

一月一〇日（水曜）　晴

百瀬来訪、餅をくれる。

朝花園真澄、岸田来訪（遠藤の意向をききたし）。

十一時半議長官舎へ。世話人理事会。清水を小平役場へ遣はす。

正午大森憲治、高橋警察部長、館林を招く（東洋経済クラブ）。

二時半西田尚元来訪、次時内閣は梅津、土肥原、説あり。

飯沢より電話（木野出張所長、水田に話しおけり）。

水田より電話（塩田局長へ手紙を出し置きたり）。

六時長野石井へ電話（父上入院に関し、然るに本日二時入院せられし由）。

次田氏来訪、内閣あぶなし、候補は寺内、梅津、宇垣。

五時より官舎に森、佐野、鈴木、河井等を招く。

（受信）八条、川越、岡喜七郎

一月十一日（木曜）　曇

運逓省総務局長福川来院。鉄道会議々員の件。出渕、岩田二氏に電話。岩田氏を推す旨福川へ電話。

東久世男、安岡来院。木村来訪。田中嬢の写真を渡す。

木村秘書官、田島少佐より電話。議長、副議長へ電話。

島津忠重公へ電話せしも不通。

朝河井氏（夫人）より電話（尾崎元次郎叙位叙勲の件）。内務省、衆議院へ交渉せしめたる上出すことに決定、河井氏へ返事す。

五時より外務次官に招かる。書記官同席。英米の俘虜宛一年八千万円の送金あり、スウイスが取扱ふ。之だけ在外正貨があるに等し。

風邪気味に付三好の方は拒る（藤屋旅館）。

重光氏より牧野氏の画一面貰ふ。

岸本直行より乾鰯。

（予記）朝、二度空襲。

（受信）仲俣、佐野

一月十二日（金曜）　晴

病気引籠り。

九時小坂武雄来訪。

午后一時関、高辻、内田来訪。

二時飯沢来訪、砂糖をやる。

五時水田直昌、森部隆を招く。書記官陪席。

夜後藤達也氏へ電話（百五十円と酒一本）。

（予記）朝二度空襲。

一月十三日（土曜）　晴

島津公へ電話せしも不通。中御門侯へ電話。

朝下島、鬼塚、久野来訪。議長来院。

国金肇来院、羽田へ電話。自己のための内閣更迭は不可。

外務次官へ礼に行く。

十二時華族会館に松田男に招かる。中御門、東久世、八条、伊東同席。岡部子欠席。一時半より鮮台委員会。

外務大臣へ礼に行く。飯沢へ電話。

東久世男へ電話（高木子の件）（仲俣の件）。

五時より逓信院総裁官舎にて十三会。支那料理、北京亭豪華版。

下、倒閣は一月末に見送り、少壮内閣は必しも自ら主班たるに非ず、古き人を首班にしてロボツトにする也。

米内単独又は米内と他の陸軍との連立ならむ。

中山蕃、地方に於て小磯の評判悪し。妥協にすぐ、東条の方がよし、二・二六をもう一度やらねばならぬと云ふ青年多し。

清水光美、近衛は米内に小林省三郎を拓相たらしめんと同意を求めたり。反対。近は小林に二十五万円とられたり。舟山列島の人の懐柔費、無駄。

一月十四日（日曜）

山口善夫より電話。小坂武雄より電話。

十時半内田君を訪ふ。関、高辻と麻雀。（一）一五〇

○。
仲俣来訪。電話にて話す。

水田より塩、煙草。

夜斎藤樹へ電話。

夜松子へ電話。父上の容態よし。

（受信）まつ子

一月十五日（月曜）

朝武井健作来訪。後塩原時三郎来訪。鴨を貰ふ。

議長、外宮爆撃に付天機奉伺。

塩原、南は陸軍の長尾、重光、阿南（幼年校時代以来）、梅津とよし、米内ともよし、東条も種々相談す。

小磯は形式的の相談をする。杉山ともよし。梅津は完全無欠すぎる。武部は梅津を担ぐ。南は耳悪き故出るか否か疑問。

石橋君を招き事情を述ぶ。夜山崎、久保田、玉井来訪。

久保田、昨日外務省、東亜省、情報局の三十代の官吏が新聞社を訪問す、白鳥の指導、白鳥と岸とは関係あり。

山崎、十日鮎川は東条、岸、武部、三浦外一名を自邸に招待す。東条、岸の関係を復活させるため。四日初閣議にて小林は国民運動の再出発を説き、政党制復活の主張をし、之に対し大館〔ママ〕反対。官僚の口が干上るためなり。

夜小坂夫人より電話（小供第一次合格の礼）。

一月十六日（火曜）

正副議長登院に付登院。

十時より内閣干係調査会。

十一時内閣に田中、大木、三浦と会合。提出原案の打合せをする。

十一時半議長官舎にて各派連絡委員会。午餐を供す。

山岡氏に小坂のこと。

一時半加瀬書記官の外交事情の説明。秋田三一君来室（久原は妻を離縁す（鮎川の妹、妻の妹を鍋島へやりし話））。

酒井伯、岸、鮎川と翼政の一年生及津雲等現幹部に反対のもの倒閣を策し、陸軍が賛成なりと云ふ。陸軍は之を迷惑として否定す。理由なき倒閣は不可。

安岡来訪。

五時田中官長を訪ふ。

小坂武雄へ電話（毎日支局を経て）。

加瀬君来訪、無条件降服を緩和するの道なし。日本再建を如何に計るかの道を講ずるの外なし。

（発信）唐木田、松沢国治

（受信）唐木田、松沢

一月十七日（水曜）

及川より電話。

正副議長来院。十時より調査会。

正午華族会館に児玉国務大臣に招かる。

斎藤より電話。小原氏より電話。

朝日田原来訪。

関男来訪、マリアナのB29は五百五十、比島方面二千三百、来月は東京大空襲。

酒井伯来院。議長叙勲の件。

やまと大森責任者来院。

飯沢君来宅。

田原、翼政の主流（中島と町田）の間に提契出来、老後の御奉公に翼政を改組し挙国一致の同志的政党を作りたしとの動き顕著となる。之が出来れば、翼政を代表し入閣せる町田、島田、前田、小林 ― 退陣となり、内閣改造となる。それが成功せざれば瓦解となる。小林も内閣に対し熱心ならず。

毎日井上政経副部長より電話、庸二への送金は飛行機が台湾にとまりしため後れ、其の後セブの支局なくなりたるため隊との連絡とれず、従って五百円を御返ししたし。

（発信）下村一郎

（受信）桂太

一月十八日（木曜）　晴　寒

朝木村来訪。

十時登院。十時より調査会。

関男、小村侯来院。岡氏来院。関男へ林子。

午後修治より電話。

午后一時半台鮮処遇問題委員会第一部会。

三時半次田氏来訪、梅津、寺田、宇垣が後継内閣候補。翼政は東条内閣末期と同じく政府に愛惜をつかし、どうにでも御勝手にと云ふ態度なり。梅津は参謀本部を握りおる方可ならむ。此度は宇垣の様な気がする。宇垣が出来れば反対を排し、根こそぎ動員をして飛行機増産をさせる積りなり。

夜松子より電話（保民保養所入所申込の件、父上神経痛はおよろしきもむくみ出し由）。

夜後藤達也氏より電話。庸二への送金不能、返却。

（予記）水槽便所の水氷る。移転以来始めてのこと。

（発信）伊沢多喜男氏

一月十九日（金曜）

朝稲田書記官より電話。

十時登院。議長登院。大木より三浦の伝言あり。稲田へ電話。中御門侯、東久世男、岡氏来室。三浦より電話、文部省関係の諸案を貴院に先きに提出に変更。
○時半外相に招かる。日本は独ソを提契させソをバルカンに進出せしむることに努力す。そのためにソがバルカンに出たりとは云ひ難きも一半の力は預りて力あり。
加瀬書記官、外務省九名、大東亜省九名、情報局二名が連判状に署名、半分はのんだくれの仕方なき奴、半分は優秀のもの、後者が前者と一緒になりし、現在調査中、白鳥が帝国ホテルへ集め決議文に手を入れしと云ふ。重光は敗戦思想なりと云ふ。憲兵隊は之をとり上げ情報として全国に配布せんと云ふ。大臣は処分せんとするも、内閣は江口参事官と一味に関係ある為め処分をにぶりおれり。

二時警戒警報。帰途佐藤基君を訪問せしも不在。斎藤樹来訪。

岡氏来室。

田中官長へ電話。首相より話あり、篤と考慮中。あの位置が全部はなりおらず。

五時半陸相官邸に招かる。九時帰宅。

議長来宅。煙草を差上げる。

夜羽田武嗣郎より電話（岩波選挙の件）。

夜十時仲俣へ電話せしも出ず。

（予記）発　　　解
　一三、五五　一四、五〇
　川崎航空明石工場
（受信）仲俣

一月二十日（土曜）
朝六時仲俣へ電話せしも出ず、牟礼郵便局に頼む。
十時大蔵省予算説明。
正副議長登院。議長より柿を頂く。
十一時半海相に招かる。中御門、岡、溝口、次田、三井、山岡来室。
二時半より連絡委員会。
久保田、木村より電話。
次田氏に羽田のことを話す。
五時星ケ岡茶寮へ秋田氏に招かる。
議長、徳川頼貞侯、滝氏へ電話。
田島少佐来室。
（発信）まつ子
（受信）吉野信次
　原光雄
　井沢アイ子
　三郎

一月二十一日（日曜）

九時登院。

十時開議。十一時半パルガス正副議長に面会。

二荒伯質問取り止めに付種々経緯あり、質問主意書を出すことにきまる。姉崎氏亦然り。

二荒の奴失敬なり。酒井伯と対談中あまりわからぬことを云ひ、気の毒故忠告せんとせしに、君はだまって居ろと云ふ。会議体の構成員にして多数に従ふことを知らざる者は、欠格者なり。速に除名すべきものなり。憲法の多数決の精神を蹂躙（ジウリン）する者と云ふ可し。但し議員に非る故意見の発表は保留。

小坂順造氏来訪。

夜佐藤書記官来訪。バタを貰ふ。

唐木田藤五郎来院。手帳をやる。

裏松子、伊東子に、質問の通告は日程に入りても残る旨を答ふ。二荒伯の質問の通告ありしや否や、又二荒伯の質疑が残るや否やにふれず。自分は二荒伯は昭和六年定めし質疑通告の要件を具備しおらざるに付、質疑の通告のありしものと考へず。通告のありしことは之を認む。日程作成の日迄日あり、又日程作成の日より本日迄日がありしに拘らず片瀬に引込みおりて約束の書面を出さず、本日午前九時半過に登院して十時間近かに議事課員に注意され、それでは書面を出すと云ふが如きは帝国議会の秩序を乱るものなりと考ふ。

（発信）三郎
　みつ子
　　外相、陸相、児玉伯へ電話

一月二十二日（月曜）　晴

九時登院。東久世男へ礼の電話をかける。

十時開議。四十分で終る。関男来室（礼を云っておく）。

酒井、東久世、伊東、岡、次田、富田来室。

酒井伯、結果より見て徳川圀順公が議長に一番よかった。

富田、「小磯の演説なっておらず。」

小坂武雄来室（山岡氏に面会せり）。

宮内法制局参事官来訪（野村徳七の礼）。

一時より次田、大村、森山、川野来訪、麻雀。

夜みつ子より電話。保民の熱下れり。

（予記）　発　　解

　七、四〇　　八、一〇

（受信）川野実三
　　内田信也

一月二十三日（火曜）　晴

後藤達也より電話。

伊東子、溝口伯、滝氏来室（質問主意書の件）。

直行岸本へ年末賞与送付（六百八十円）。

今井五介、関男、東久世男、渡辺伯、小山邦太郎、阿部鶴、高橋台湾財務局長来室。小山君、東久世男と下院食堂へ行く。

大森吉五郎君挨拶に来る、陸軍も貧乏になった考で戦をすることになった。それにしては現内閣はそれにそぐふべく数がたりない。

阿部　外務省、大東亜省一名宛休職、他に譴責。白鳥が文面を手伝ひしは事実。有末に面会せむとせしも、真田の注意により面会せず。

木村、久保田来室、加藤成之が官長が会議体云々と云ひしはけしからんと云ひしにより、然らざる所以を話したるに、そうですかと云ひ変な顔をして帰れり。官長の犠牲に於て解決せしものなり。

次田氏来室。電球二上げる。

関男来室。しるこを馳走す。三浦長官来室、部会の室借用の件。

（発信）岸本直行
（受信）まつ子
　　稲畑勝太郎
　　高橋貢

一月二十四日（水曜）　曇

朝後藤達也氏来訪、現金を返さる。品代と酒を上げる。

長氏へ電話。予め交渉会を開き質問主意書、主旨弁明の順序などをきめると、却って質問主意書の提出の一［アキ］出を促すこととなる。故に前後の別らぬやうな事態の発生する迄、交渉会を開くことは見合せるを可とす。二荒が、常務委員会で会議体連絡委員会できめたことに従はねばならぬと云ふ、これを云つたのは横暴で政治的でいかぬ、従ふ必要はなく連絡委員会は拘束力なしと云つて怒ていた。判りきつたことを説明した、けしからぬと云ふ意味でなし。

酒井伯、交渉会はあとにてよし。受領順にてこたらむ。しかし案外滝君等はあとにてよきつもりなるやも不計、何れなるや不知。何も反省するを要せず。

伊東子、溝口伯を研究会控室に訪ふ。受領順にてよし、何れか不明、自分も攻撃されて居た。

東久世男にも話す。何れなるや不明、加藤男にきいて見るべし。

岡氏、次田氏来室。予算の予定を話す。

木下義介へ手帳。関男来室、しるこを馳走になる。

夜法相官邸に招かる。副議長以下列席。

夜尾沢修治来訪。

（発信）庸二（三十五）

一月二十五日（木曜）　曇

理髪。

議長来院。従ひて大東亜会館の園遊会の招待に行く。

二時副議長より汁粉をおごつて貰ふ。

石橋に大日本婦人会東京支部入部のことにつき話す。

松村に書記官のことを話す。藤沼氏来室。

西尾子来室。二荒のことを話しに来られしもの。

加瀬書記官来訪、昨日の閣議にてA＋αのαを非常に大なるものを閣議にて承認す。本日の戦争指導最高会議にて確立することとなる。不可能事を強ふるもの也。かくて敗戦の責を内閣に帰することとなれり。

木村、久保田来室。

二時半より関、高辻、内田来訪、麻雀。

利男、燃料本廠付に確定の由。

（受信）又吉康和

一月二十六日（金曜）　晴

九時半登院。

十時五分本会議。姉崎氏の説明好評。二荒伯には拍手なし。

田中官長へ電話（本日の閣議にて臨軍を決定、四時過下院に提出の見込）。河井氏を控室に見舞ふ。

井上匡四郎氏来室（憲法制定に関する書類保管の件）。

山岡氏来室（政情）。

関男、岡氏来室（予算委員会に於ける緊急質疑の件）。

東久世男へ頼む（岡氏の代り）。

大河内氏の依頼に依り田中官長を訪ひ、不在に付稲田書記官に、首相（台鮮処遇問題）、内相（塩水港製糖の件）に面会のことを相談す。

水田君来室、やめる者は三十名。しかし満鉄の技術者を復起〔ママ〕せしむることなく、今井弥八の率ゐる技術陣営にやらせる（小林が間に立ちし故）。しかし今井翁は取締役会長なり顧問なりになって第一線を退く形をとって貰ひたし。

（受信）仲俣

一月二十七日（土曜）

朝議長へ電話（比島大使招宴の件）。

朝、菅沢氏へ野菜を貰ひに三瓶をやる。

議長来院。副議長欠席。
一三、〇三時警戒警報、引続き空襲警報。有楽町駅を初め被害多し。死者三七七。
一五、一〇時解除。書記官室に帰来せしに、大島政務次官と田島少佐、委員会を開くや否やききに来る。開く旨を答ふ。
〔アキ〕時委員課にて八条子、河野と相談す。稲田来る。〔アキ〕時〔アキ〕分予算委員会を開くことを返事す。
松平親義子へ、議員の荷物を預ることを謝絶す。

木村来訪。西田来訪。
〔アキ〕時予算委員会開会。〔アキ〕散会。自動車を斡旋せむとせしも不可能。
稲田と汁粉を食ふ。

七時半栄やに三好に招かる。

（予記）　発　解
一次　一三、〇三　一五、一〇
（空一四、〇〇）（空一五、一〇）

爆弾	三二五
焼夷弾	一二九以上
死者	四四九（一名は味方搭乗者）
重傷者	三一四
軽傷	五五四
行衛不明	一一
全壊	三五三
半壊	五四一
全焼	四一九
半焼	九六
罹災者	五、四八三

（発信）稲畑氏

（受信）みつ子

　木村

一月二十八日（日曜）

五時の汽車にて利男長野行。

稲田書記官来室、大河内子と首相会見の件。

十時十分開会（蔵相衆議院分科に出席のためおくれる）。開会に先だち警戒警報出しも、少数機とのこと故始める。後解除せらる。

十一時散会。散会して議長室に帰りしとき更に警戒警報発令。河井氏挨拶に来らる。

加瀬君来室、陸軍の支持なきため倒閣一時さたやみ、内大臣府辺りもそう見ている、不満なれど致方なしとのことなり、外相より、予算委員会にて秘密会議を開き外交事情を説明すとのこと。

関、東久世、次田、佐佐木侯来室。

二時次田、松村、川西三氏来訪、麻雀。

館林挨拶に来る。

東久世、伊東、太田、池田、岡氏に台湾銀行法改正案のことを話す。

（予記）

	発	解
一次	一〇、〇七	一〇、三〇
二次	一〇、四七	一一、〇八
三次	一一、四〇	一二、一五

（駒込林町方面）
全焼　四四九
其他合計　五二六
死者　六
其他合計　二一
罹災者　一、八〇八
（受信）伊沢氏

一月二十九日（月曜）　晴

田口氏来訪。
議長登院。
正午交渉員を議長官舎に招かる。次田、沢田二氏に台湾銀行法のことを通す。片倉兼太郎へ朝鮮のことを話す。
安岡来訪、水野氏病気に付部長代理をおくこととなる可し。
木村、久保田来室。柴山は梅津擁立に専念し、斎藤正身を自宅にとめおく。三好同腹。
利男帰京。
夜利男、まつ子へ電話す。
藤井刑事来訪。
二階水槽便所破壊。下も破壊。後者は夜に入り気付く。
（予記）　発　解
一次　〇、四五　一、二五
二次　三、一五　四、〇五
（受信）斎藤君よりからすみ
市川義人

一月三十日（火曜）　晴　稍暖

風邪引籠。

大河内子より見舞電話。

石橋君来訪、雲丹を貰ふ。

衆議院ごねる。

利男丙種学生卒業式。

二荒伯に対する批判。議長に対し早く早くと促したり。議長の議場整理権を侵害する者なり。議長は動議不成立の宣告の後の二荒伯の発言は禁止し、きかざれば退場を命ず可きものなり（之は議事妨害の意思なきものと認むる故賛成出来ず）。植村子は、後段「御異議ございませんか」ときにに二荒伯に発言を許し得たり、その方がよかったと云ふ（先例をつくること故起立に問ひしは当然、将来もそのつもり）。

酒井伯も常務に之は記名投票迄行くもの故（緊急質疑の許否は）、二荒伯とよく打合はすべき旨を話したり。裏松子、溝口伯が二荒伯に議席より出ることを求めしも、応ぜず。

大体に於て議長の態度好評。

二荒伯が先例をつくることに賛成せし人々、

西尾子、波多野子、有田君、河瀬子、米田子？

河原田君、下条君、松平親義子、八田君、横山君、大野緑一郎君、伊江男、井上男

（受信）篠原栄一

一月三十一日（水曜）　曇

大河内子より電話、作田高太郎に紹介方を大木君に頼む件、大木君へ電話。中井川君来室。次田、河原田氏来室。

十時開議。二荒伯の変な発言あり。

田中君へ電話。明日以後ならば声明事項の処理要項を述ぶ。

野村子来室（内藤久寛君叙位の件）。稲田君へ頼む。

尾佐竹氏へ遠湖先生のことを頼む。斎藤樹へ礼の電話。

湯沢三千男へ電話。

今井五介氏来室、先日水田君より話あり、君の話もある故、政治的解決をすることとなった。技術陣営三十名退陣は間違なし、しかし今井弥八の云ふ処をきくに信用し得るように思はれるから満州組を復帰せしむることなく弥八の技術陣営にやらせる。しかし将来満州から資財を貰ふ必要もあり、総督府の面目もあり、弥八を社長に、貴下は取締役会長なり顧問になるやう頼んで見てくれとのこと。

将来を考へ水田君等を向ふにまわすは損。今井翁、承

りました。朝鮮から手紙の来次第水田、遠藤氏に面会し返事すべし。
小坂武雄礼に来る（小供の入学）。
夜六時星ケ岡茶寮いとい会。貴院八名皆出席。
小原、田島、二十七日の損害、敵は三十機と発表す。
利男、正を墓に詣ず。
二荒伯十時五分前位に議事課に行き、姉崎氏の質問主意書に対する政府の発言につき発言せむとす。予算上程のとき可ならむと云ひしに、それ迄待てぬと云ふ。それでは緊急質疑になさったら如何と云ふ。賛成者を要することも教へる。議長が議事日程に移りますと宣告せし次に発言するやう約束す。然るに議長の宣告をまたず、蔵相の演舌終るや突如として発言を求む。
（発信）仲俣徳一郎
　宮下友雄（井上子の件）
　市川義人
（受信）副島伯
　父上

二月一日（木曜）　曇

富田健治君より電話（予算委員辞任の件）。太田君へ電話（そのまゝとすること）。

大河内子来訪（委員会の日の夕食、パス）。山口嘉夫君より礼の電話。

理髪。牧野良三君に会ふ。京極鋭五君に内田の処であふ。木下信来室。

正副議長登院。塩原時三郎来院。大木より電話（作田の件）。

田口氏来院、二荒伯には気の毒なるも、議事規制を知つて居ればおる程起立出来ず。議長の態度よし。

次田氏来室。

長氏、小山邦太郎、河井氏来室。関、東久世両男来室。

伊礼君来室。一時より田口、次田、松村氏来訪、麻雀（＋）三二〇〇。

十二時又三時マリアナを三十機出発せりとの情報あり。

加瀬、二十七日の損害敵は五機と云ふ。敵は工場地帯を攻撃せりと云ふ。

今井五介来宅、安田と如何なる条件にて妥協するか話してくれ。面を立てる。京城の弥八からは、弥八第一線に立て今井翁は社長でもよいから一線を退いて貰ひたいとのことなり。即ち名は社長でも実は弥八にやらせろ、三十余人の満州よりの技術者は退陣すると云ふから、その補充を努力している。安田は二十九日京城発上京、水田は病。

長氏、二十一日研究会の常務員の集りに、出席を求めらる。何故か会議体にて定めしこと（連絡委員のきめしこと）に会員が従ふ可きものなることを二荒に強ふることをさけ、唯たのむ（中には手を合せておがみしものあり）と云ふのみ。二荒は自分も事務をやり常務のきめたことに従ふことは知つているが、今度のことはぜひやれと云ふインスピレーションがあるから止められぬと云ふ。それを書記官長が連絡委員の定めたことに従ったらよいでせうと云ふのは政治的に動きすぎる、と非難す。自分は質問主意書か緊急質疑かしたらよからうと教へむかと考へしも、篤と会議体の本旨に考へ二荒伯に教へず。

二月二日（金曜）　雪

朝朝鮮総督府に水田、安田を訪ひしも不在。

登院後今井氏宅より電話。

後藤達也氏より電話。

正副議長登院。

予算、藤沼氏の質問出色。

塩原来室（明日正午官舎）。

三時次田、松村、大村来訪、麻雀。（＋）二〇〇。

山口に酒瓶七本返却す。あと一本借り居る由山口云ふ。

（予記）　発　解

〇、三〇　〇、四七半

一九、五五　二〇、二五

爆弾　三

死者　四

傷者なし

全壊工場　三
民家　　二　　計　五戸

（発信）父上（十五、六日迄に）
　小出一二三（炭）
（受信）岸本直行（一月二十九日付、領収証）

二月三日（土曜）　晴

水尾へ電話。亀山へ電話。朝特別の情報なし。

十時開議。

今井五介氏来室。

十一時より連絡委員会。水尾夫人、高野夫人来院。

正午塩原官舎。南次郎氏に面会、米は条件を緩和せず、最後迄戦ふの外なし。比島にて敵の前進を許すは飛機なきため。支那にて日本の聯成功せしは敵に飛機なかりしためなり。最後の線を早く自発的に決定する外なし。敵の力により最後の線へ退くときは最後の線も守り得ず。松本烝治先生はえらし。

九時内田信也氏を訪ふ。川西、亀山同行。（十）五七○。

（予記）戦　20
　正式航母　10
　巡改母　10
　補助母　60
　巡　40
　駆　250
　潜水　130

（受信）吉野信次

二月四日（日曜）　晴

朝松子へ電話（美津子長専入学の件）。

正副議長登院。伊東子来室、約束事項報告の件。
○時半臨時連絡委員会開会。政府が重要と思ふ事項に付き、自発的に発言することを希望す。伊東子、東久世男と田中を訪ふ。一昨日の閣僚との相談に於て分担をきめ、質問に応じて関係相より答へ、それに連関した事項を答へることにしたし。殊に各論的に見て此期議会には、前議会に約束せし事項あるに拘らず、質問を受けざる大臣なしと云ふ。各論的には田中の云ふ通りにし、尚総論的には田中、小林の間に於て進みし方向（即ち行政監督の意味に前議会の約束の処理方法を予算総会の劈頭に於て説明し、且は質疑の重複をさけるやうにすること）に向ひ進むやう努力することを求め、承諾を得、更に連絡委員会を開き、次田氏より再開の予総にて議事進行の発言を求め、他に政府に於て前議会の約束事項につき発言なきやと問ひ、更に希望して将来予総の劈頭に発言せられたしと要望することとなる。

（予記）Ｂ29約百機、近畿地方十五時より十六時四十五分。

二月五日（月曜）　晴

午前十時より予算分科。

十一時各派連絡委員会。公約事項の説明の件。予算委員長が時間を節約するため、その取扱につき正副主査と連絡員の総合会開会を主張せしため開く。

正午議長官舎に武者小路、酒井、坊城伯、中御門侯、加藤式部官を招かる。陪席。

今井五介氏来訪、一線を退き名実ともに弥八にやらせるとの安田の話、安田は生一本の人なり。しかし過半数をも得ざる故取締役会長にはなれず、府にて適当にやって貰ひたし、と云ひおきたり。

二時松村、次田、川西来訪。（二）二七〇〇。

（受信）藤原銀次郎氏
　　宮下友雄
　　仲俣徳一郎

二月六日（火曜）　晴後曇

十時開議。

十一時交渉会。議員表彰の件。細川侯、秋月、立花、清岡三子。

後各派連絡委員会。

井上子、下村氏来室。野村子、内藤氏の礼に来る。

正午議長官舎にて茨城県関係議員招待。

内田氏、米の不足七百万石乃至千万石、米の需給実現せよと云ふだけで内閣つぶれる。

鈴木山林局長来室。

関男、西大路子、次田氏、河井氏来室。次田氏、青木が総裁とのこと。

木村、久保田、山崎来室。松本先生来室。

渡辺伯来室。徳川家正公来室。

田中武雄へ電話（渡辺汀、上原七之助叙位叙勲の件）。

徳川公、酒井伯へ委員会の模様を知らす。

公正会、穂積の差支なしとの説明により変節せしため、八対十四にて委員会に於て修正説破る。松本先生は穂に対し奮慨し居られたり。

石橋君発令、電報「安田より、今井にすんなり府の云分をきく様伝へて貰ひたしとの電話ありたり」。

内田、東条になぜ戦線をのばす様な向ふ見ずなことをやったか。己を知らず敵を知らざるものは百戦百敗と云ひしに、ミッドウエーの敗戦を自分は知らなかったと云ふ。

（受信）稲畑勝太郎

岡田忠彦

二月七日（水曜）　曇　夜雪

朝次田氏へ電話。高野吉太郎の件。

朝西田尚君来訪。いもを貰ふ。

午前川部氏来院。

正午慰問団を議長官舎に招く。徳川家正公以下十七名出席。議長風邪欠席。

伊東、東久世、田口、松村、次田来室。

島津公へ電話。

館林来訪。

三時より次田、松村、川部来訪、麻雀。（一）二〇〇。

二月八日（木曜）

勇さん長野行。

十時開議。

七時四十分終了。小磯、石渡、議長へ挨拶□□〔ヨゴレ〕る。石渡の馬鹿野郎失敬なり。

近藤勅任発表。

（受信）父上

二月九日（金曜）　晴

理髪。

関屋氏来室。東久世、溝口伯来室。

議長登院。田口、関、次田、家正公、岡（大西死）来室。

田島少佐より朝大編隊がマリアナを出発せし旨の報ありしも、途中それたり。家正公は石渡はそつ直なりとほむ。

酒井伯より電話（急行券のこと）。羽田、八田二氏へ電話。羽田の尽力により成功。

田島来室、陸軍は現内閣を支持す。しかし元帥が若き下院議員と争ふは不可。若き陸相を可とす。マニラを撤退。なるべく兵の損傷をさけ、東側の山地に拠りおれり。山下もその内にあり。ラウレルはバギオにあり。

塩原来訪。戸沢の娘の件。

田口、岸が岸内閣を企画しおれりと云ふ。南よりも宇垣がよきも、陸軍に賛成せず。

夜五時半比島大使館に招かる。正副議長、徳川侯、二荒伯同席。

勝俣へ仲俣英夫のことを頼む。近藤へ電話。

（予記）発　　解

一三、二七　一四、三五

二月十日（土曜）　晴

勝俣、近藤へ電話。

亀田力造より電話（富沢康子の件）。

小坂順造君来室。

岡部子、唐沢君来室。

林一夫来訪。

午后東久世、山県、浅野、関、酒井伯来室。

空襲警報発令、田島少佐来室。

（予記）　発　解

九、三八　一〇、五五

警　一三、二五　一四、一四

空　一五、五七　一六、〇〇

B29約九十機、八〇〇〇乃至一〇、〇〇〇

五梯団

中島飛行機、太田製作所工場の東半部全半壊、復旧見込立たず（以上組立工場倉庫）。西半部の部分、工場は殆ど被害なし。航空機に相当被害あり。

	爆弾	焼夷弾	死者	重傷	軽傷	全壊	半壊	全焼
工場	四二	七六	七七	八〇	七四	八	七	
	（二六〇キロ）	（二、八キロ）						
太田町	八二	多数	六三	九四	八六	一九二	四一	

二一、二三　二二、一五

（発信）仲俣徳一郎

藤野英陽

（塩原和子の件）

父上

岡田忠彦

二月十一日（日曜）

三好、亀山、勝俣、小坂武雄へ電話す。塩原時へ電話。十時参賀す。日比谷公園にB29の破れしものを見る。

水野甚次郎君を川瀬病院に見舞ふ。

永田君へ病気見舞の電話す。八田氏へ急行券の礼の電話す。

唐木田へ電話。

二時勝山、三好、亀山来訪、麻雀。亀山一等。

近藤来訪、鯛を持参す。

（予記）　発　解

二、二六　二、四〇

一一、〇一　一一、四〇

（受信）小山一二三（小出親分）

一月　九日　長野刑務所

一月十八日　小菅刑務所

（受信）水野甚次郎

二月十三日（火曜）

加藤知正君より松葉酒五本。

中御門侯来室。関男来室。

一時東久世、次田、関三氏来訪、麻雀。

後松村、薬師寺二氏来訪。

五時小原氏、渡辺氏来訪、豚を食す。但し自分は先約の近藤よりの招宴に列するため、書記官室へ行く。

夜岩波茂雄より電話。水尾へ電話す。

後藤達也氏より使。

岡部衆議院書記官来室。松葉酒五本持参。

（受信）市川義人

二月十四日（水曜）　曇

七時発、利男と共に多摩へ行く。かまどを持参す。

九時半塩原君を通信院に訪ふ。戸沢検事も来る。

渡辺汀男の告別式に列す。

二月十二日（月曜）

田中武雄より電話。

十時本会議。朝宮田氏へ電話。広瀬宣長、田中武雄来室。

決議案上程。

松本先生来室。後で記録を見て貰へばよい。改正案を出す。

青木君来室、立法の目的で充分わかる。

次田氏来室、青木と岩波のことを相談せり。

田中武雄よりの五百円を近藤に渡し処分さす。

渡辺伯来室、二荒は総会にて、議長が自分に発言を許さなかった為めに貴院の責任は重大になったと云った。何のことか意味不明。頭悪し。

五時より議長官舎に通信院総裁等を招く。小林総務局長、戸沢検事、小坂武雄、唐木田来る。

後電話局を視察す。屋代技手に紹介して貰ふ。

加藤知正君来室。

厚生省に大臣、次官（面会）。亀山、勝俣を訪ふ。何れも不在。

登院。河野書記官をして深尾決算委員長に報告日につき打合さす。深は二十日より郷里へ帰る。

井上子来訪の由。宮下へ電報せし由。

滝川君来室。

一時半小坂順造氏来訪。

二時より大池、関、内田と麻雀。（＋）二二〇〇。

美津子より電話。

小沢をして亀山にペニシリンを頼ましむ。

宮下友雄氏より電報。

塩原より電話。庸二の為替は十一月七日に組みしものの由。健闘を祈りてやまず。

（予記）　発　解

　三、一七　三、四〇

　九、四七　一〇、四〇

（受信）水田

　小坂武雄

二月十五日（木曜）　曇

朝宮坂へ電話。

徳川公より電話、決算委員長報告は三月の終りにてよろしとのこと故、貴族院令改正又は内務省関係法事案の出たるとき、決算委員長と打合せの上その上程をきめること。明日帰長することを頼む。

安田鉄工局製鋼課長来訪、一、今井翁の取締役会長は四月の定時総会を挨って実現すること、方法つかば可成早き機会に実現するも可なるも、二、技術陣営を速に補充すること、三十六名位（内技術者は半数）、満州側は退陣する、三、横井半三郎の地タン成立当時に於ける功労を考へてやること、横井は田中、小磯とよし。

井上子へ宮下の電報を知らせ、且之を送る（不在）。

今井五介氏へ安田の話を伝へる（電話）。

四時半塩原を訪ひ、戸沢宅を訪ひ牛肉の馳走になる。

六時半軍需大臣官邸へ行く。予算の正副委員長、正副主査、石油の正副委員長同席。

遠藤中将曰く、ルソンでは二百四十中隊（自動車）分のガソリンを銃撃にてやかれたる為め戦出来ず、大通を米軍の馳駆に委ねおる次第、更に亘海岸に出でんとす。

十三時前後名古やにB29七〇機来襲。

　死者六二、重傷六三、軽七八。

（予記）発　　解
　一三、二六　一五、一五
二〇、一五　二〇、四五

（発信）袴田八郎
　石津俊郎

二月十六日（金曜）

朝五時滝沢をつれ上野発長野行。

井沢政頼宅へ正の一周忌につき線香をあげに行く。

まつ子病気。重体ならず安心す。

（予記）　発　　解

警　七、〇四
空　七、〇九　九、三五
　一〇、四七　一二、〇五
　一二、三七　一三、二三
　一四、五五　一六、〇〇

約一、四〇〇機

　小泉工場

爆弾　一六九
焼夷弾　二
死者　四二
重傷　三五
軽傷　二五
建物全壊　一〇
　半壊　二

二月十七日（土曜）　朝小雪　晴

三郎来る。共に長野赤十字病院に父上を見舞ふ。血色よし。

院長（柏原）及事務長（塚田）に面会。院友会へ百円寄付。

帰途小池博士を訪ひ、まつ子の薬を貰ふ。

夕刻小池博士来診。

風間清より電話。

夜小出来る。炭代等に百円渡す。

松子「昨夜庸二が屋根の上でねころんで本を読んでおり、その傍に鼠をおひし大きな猫が来て、大きな口をあき赤い舌を出して居るので、松子は庸二に逃ろと云ふが庸二はにやにやして居る、その内に猫ととっくみ遂に猫を負かして笑って居る、弱虫でも戦争に行ったので強くなったなあと思った」と云ふ夢を見し由。


（予記）

発	解
六、四五	一四、三〇
以上約六〇〇機	
二〇、二一	二一、五五
二三、三〇	二四、〇〇
以上B29	

二月十八日（日曜）　曇

朝三郎へ電話す。

藤野内政部長、高橋警察部長へ電話す。宮城、議院に被害なかりし由。

藤野秘書、美谷島より電話。

石井進、伊藤一雄来訪。石井広吉、風間清来訪。

十五日正午放送会館に下村、関屋、伍堂、大橋、岩田、岡、松本烝治、河井、太田氏来参集。下村より、研究会としては如何なる人々に話すべきにつき酒井伯に相談せしに、八条にきけとのことなりき。構成員につき話をす。河井氏は少数説を主張、華族は互選の問題等もある故除外するを可とす、大蔵には気毒なるも自分より説明すべしと云ふ。新入会者のみならず現在員についても無記名投票を以て入会の許否を決定すべしと主張す。現在員はよいことになる。更に二十日午后三時より工業クラブに集ることとし、乙酉会と名づくることとす。

（予記）　発　　解
　　二、四〇　　三、〇〇

二月十九日（月曜）

朝七時八分長野発。小林治秀同車帰京。

登院。河井氏、岡氏来室。

河井氏、十二日夜帝国ホテルへ大蔵男席を設け、伍堂、下村、関屋、大橋、湯沢、岩田、小原、大蔵、松村、岡、太田耕造、河井氏出席（賀屋、松本烝、八田、田口、古島欠席）。下村より、貴院が政治活動をなす必要を感じ始めたる運動が、各派連絡委員会となりて表はれしは不本意なるにつき、改めて一の団体を結成したし。それには①各派を解消すること、②対研究会団体の結成、③何れも実行難故真剣な少数の有志が会派を超過して集り、時事問題を研究することにしたきにつき、その構成員等につき御意見を承り度しと云ふ。十五日更に集ることになる。

（予記）　発　　解

警　一四、三七　一五、五五
空　一四、四一　一五、四八
　爆弾　四六九
　焼夷弾　二八八四
　死者　一二九
　重傷　一〇三
　軽傷　一五〇
　不明　六
　全焼　五六二
　半焼　四六
　全壊　一九四
　半壊　二五〇
東京造船
中央航研
日本油脂
王子第二造兵廠
日本鉱工業
深川三菱鋼材

月島海軍工作部

（受信）藤野英陽
宮下友雄
中村勝治

二月二十日（火曜）　晴　寒

今井五介来訪。

徳川議長邸へ電話せしも不通。議長邸より電話。

正午登院。関男、長岡隆一郎氏、岡氏、飯沢氏来室。

五時議長官舎へ河井、宮田、東久世、長、水谷川氏を招かる。

四時美津子へ電話。

佐々木嘉太郎氏来訪。角倉書記官へ電話。

岡氏、乙酉会の話あり、十二日夜の会合、下村より貴族院は何をしているかと云はれても困るから、憂国の士が集り貴族院として為すべきことありや否や研討（ママ）したし。それについては如何なるメンバーでやるか御考を承りたしと云ふ。前に下村に案を予め備へることを頼みおきしも案を持ち来らず。会派解消論、研究会脱会論ありしも未定。岡氏は東京が焼土とならむとしている際、閑日月を談ずるは不可、茲に集りし人だけで時事を談ずるを可とす、拙速を尊ぶ、との意見出づ、入会希望者は無記名投票にて任することとする。十五日の会合には有爵者、多額は入れぬことにして、大蔵男は客員にしては如何との説出ず。酒井伯には下村より経過を話しあり。

十九日翼政の総務会あり、伍堂、八条が小林総裁に面会す。総務会の終了後貴族院出身の総務に居残りを願ひ、新政治団体の結成につき助力を依頼す。伍堂、下村は新団体に貴族院が一緒に行くことを希望す。話の最中に小林総裁が伍堂を別室へ招き、首相も貴族院が入ってくれることを希望する旨伝ふ。

（受信）井上子
仲俣

二月二十一日（水曜）　晴　稍暖

十一時登院。東久世、関、河井、太田耕来室。

議長登院。からすみを上げる。一時半より防空委員会。

焼夷弾の実験あり。

木村、一昨日の閣議に行政協議会長を親任にすることになる。それには異存なかりしも、他の知事に対し指揮権を与ふることに対し、内務省が浮くために大館〔ママ〕反対、且単独辞職はせずと頑張る。為めに昨日は内府、内閣書記官長等の活動となり、政変説伝へらる。本朝石渡の話によれば指揮権は一時見合せとなり、従って政変は一時見送りとなる。

河井氏、昨日三時より工業クラブに、伍堂、下村、田口、湯沢、大橋、河井、岡、松本烝治、松村義一、関屋、小原直、岩田宙造、山川瑞夫、太田耕造等、十六名参集、もちよりの人につき無記名投票をする。出渕、安藤喜〔ママ〕三郎、東郷茂徳、後藤文夫、安井、田辺、寺島、大塚、村瀬、赤池（?）、藤沼、次田、松本学（?）、江口皆黒票一芳沢謙吉と石黒忠篤とはパス。碁石を握つて入れてく□□〔ヨゴレ〕。欠席は嘉屋〔ママ〕、古島、八田。黒一票は再考との説出でしも、河井氏反対。河井氏は黒票の入りし方が立派な人物なりと云へりと云ふ。

次田氏へ静岡行不能と電話す。

塩原へ藤野のはがきを伝ふ。

井上子へ宮下友雄の手紙を渡す。

清水より牛肉を貰ふ。

後藤達也氏へ服地代と酒を届ける。

川上貞司へ河野属をして酒一升届けしむ（太閤記の代）。

安田より伝言（宮坂）、今井にあって円満に解決した。官長によろしく。此の次来たとき御馳走になります。

（予記）	発	解
	四、三〇	五、〇〇
第二次	一三、一四	一四、三五

二月二十二日（木曜）　雪

理髪。

大木を訪ふ。昨日小委員会にて田中に面ひしに、まとめ役の広瀬が自分で騒いで馬をかべにつきあてたと云へり。

西島へ電話す。行政協議会長の任命権を内閣にとらんとするに対し大館〔ママ〕反対。小磯は始め賛成せしものをにえきらざりし為め、話し合ひにてきめると云ふ処迄行きしも、広瀬は面目上やめたり。小磯に対する不満と内閣の将来を見てやめたりと云はる。

田島少佐、酒井伯、次田氏、池田侯来室。

田島少佐、内務省は単一政党をも諾す、行がかりに拒られおる傾あり。陸軍が単一政党論なりと三好栄之〔ママ〕が云ひふらしたので、柴山より、必ずしも然らざることを三好に話したり。自分は柴山に複数説即ち無理をせざる様注意しおけり。マニラにてガソリン、タイヤを敵にとられたり（商人の屯積せしもの）。飛行機で硫黄島の敵船艦をたたく力なし今はためおるのみなり、赤松は中支の予防長。

二時半関、大池、内田来訪、麻雀。（十）一五〇〇。

太田耕一郎来訪。

西島来訪、二月初旬西班牙大使を経て米より有田氏辺りに媾和の打診をしてきたとの話あり（憲兵隊情報）。その頃より牧野（拝謁せずとの噂あり）、岡田、平沼、近衛（九時より十二時迄三時間）、若槻（昨日一時間）等が順次二、三日おきに参内せり。米より、南方の捕虜に対する慰問品を浦塩迄持参するから南方へ配って貰ひたい、船は貸すとの申出あり、郵船の船（一万二、三千屯）にて竹内次官、蜂屋〔ママ〕公使等乗組み数日前出帆浦塩に向へり。南方へ行き、帰航は何をつんで帰っても爆撃せずとの条件付。田畑政務部長が島田農商相に相川の入閣をききしに、人間の中へ猿が入って来たやうなものだと云ひしと云ふ。秘書官になりてなし。金丸と云ふ五等位の者にむりに押付けたり。二十一日宮崎より電撃隊出発せしも消息なし（特攻隊とは異ふ。半月位未熟練）。日本には戦闘艦の使用し得るもの四隻、正式空母三隻、外に一隻神戸三菱にて進水せしもの（之は爆破されたりとの説あるも、海軍は否定）、重巡少々あるのみ。小型艦はなし。

朝日の航空機は新京上空にて九十余時間飛ぶ。その第一機は塚越等乗込み昭南を出で伯林にとびしも、消息を断ちたり。陸軍は長距離機に興味なし。

ハルゼーは米に帰り記者連に、日本軍は案外弱き故本土上陸も楽なりと云へり。

豊田は十四、五日頃軍令部総長官舎に居りたり。武蔵は曩にセブにて空爆にて撃沈せられ大和は比島沖海戦にて破れてボルネオにあり、その他の破れし艦艇の大部分は呉にあり。

田中武雄は宇垣内閣運動をしている。小磯の命を受けて居るとも云はる。美土路昌一は宇垣ファン。それ等の言によれば陸軍も宇垣に反対せずと云ふ。陸軍は戒厳を布き責任をとる気力を欠くに至りしものの如し。

(予記) 夕刻より大雪となり、十時頃迄に一尺位積る。

都電、省線も動かず。

天譴はこれでもか〳〵と続いて来る如く感ぜらる。

天譴のそば杖を食ふ寒さ哉

二月二十三日 (金曜) 晴 後雲

酒井伯登院、島津公は細かい、華族会館の理事を自分と溝口伯の両方へ口をかける。

松田来訪。

内閣に石塚を訪ふ。佐佐木侯のことを頼む。

院令改正へまだ御諮詢の手続をとらず。

四時より松田、佐藤、大池来訪、麻雀。(十) 一六〇〇。

夜三郎へ電話。

(発信) 宮下友雄

二月二十四日 (土曜) 晴

朝小出より電話。

塩原来訪。

木村、加瀬来訪。

一時登院。議長来院。次田氏来室。

斎藤勅選になる。夫人へ祝の電話す。

議長、大河内子、吉家君と懇談。
一時半より航空機委員会。朝日斎藤記者の談。

二月二十五日（日曜）

十二時半、川西、薬師寺、次田三氏来訪、麻雀。
（予記）　　　　発　　　解
第一次　艦載機約五〇〇機
　　　　七、三五
　　空　七、四〇　　一〇、三五
第二次　B29
　　空　一四、一五　　一六、〇三
　　　　　　　　　　一六、三〇
第三次　B29
　三重、高知、静岡地区
第四次　B29
　　　二一、一九　　二二、一〇
被　害
神田　　一一、八〇〇戸
日本橋　　七五三戸
下谷　三、一八〇戸
浅草　一、七二五戸
本所　七〇〇戸
向島　二六〇戸
深川　二八四
本郷　一、〇九三戸
荒川　一、四六八戸
城東　二八一戸
爆弾　二八二（不発二八）
焼夷　一三、二四五（外数戸）
死者　一一二
傷者　一五六
合計　一三六（全壊）
二三、五七九（全焼）
（半壊、半焼□）二四、三〇八戸
（罹災者）八五、四六三

二月二十六日（月曜）

大雪。都電不通。一尺二、三寸。

滝、関屋、次田、飯田男、酒井伯、東久世男、中御門侯登院。世話人と連絡委員の懇談会流会。

中御門侯、先日（〔アキ〕）夜帝国ホテルへ、世話人と連絡委員と翼政の役員たる貴族院議員と、合計三十人許り招待せられ新党に助力を懇請せらる。その時翼政の役員たる身分を有する議員の外には飯田男、中御門侯、小原氏、岩田氏、水野氏（？）が出たるのみなるにより、改めて両者の話し合をするため本日集ることにせしもの。八条と伍堂、下村、滝等は貴族院としての参加を希望す。彼等は金が貰へるからである。小林は、やって戴いても貴族院は決議をしても拘束しないと云った。岩田氏より駁論が出た。山崎達之輔は翼壮関係の十六名脱会せしものは、将来復し得ると云った。中御門侯よりなぜ今のまゝで悪いかときゝしに、翼政は大政翼賛会と連絡をとりと云ふが如きことあるにより之と断ち地方にも支部を設け独自の行動をしたいのだと返事した。

山本の一党が一六八名署名している。早く手を挙げ（降服して）米の役人になる考なりと云はる。鮎川も関係あり。鮎川と藤田政輔は自己の財産を米の銀行に預入し、無財産の如き風を装ひおれり。

佐々木は東拓総裁をやめる筈であったのを重任した。小磯に金を出しているので勅選になった。

二十五日開会の予定なりし皇族の懇談会に、嘉〔ママ〕陽宮より東久邇内閣のことを話し出して貰ひたいと某宮内官より頼み来れり。賀は始めは東条とよかりしが今は悪し。東久邇宮は只朝香宮に遠慮している。朝はだめ。陸軍の連中は（東条等）頭を切られるので東久邇内閣に反対。

東久邇内閣には大物某氏、官長と国務大臣二名で書記官長の仕事をさせたらよいと思ふ。

酒井伯、新党へ貴族院として入ることは同意し、入党したい人は自由に入党し得るやうするがよいと思ふ。

省線で女の子が〔後欠〕

二月二十七日（火曜）　晴

児玉伯、東久邇、岩田、伊東子、中御門侯へ電話。

小出一二三、木村進両氏来訪。阿部老来院。

岡氏、関男、大島子、井上子、安岡君来院。竹内軍需次官来院。

議長より電話。

児玉伯より電話。

阿部、陸軍では岡田が大臣になりたがってあせっていると云ふ。重臣が陛下に拝謁の際平和のことを申上げたのだが、「総て戦捷後だ」と仰せられし由。

大島子、今のまゝではだめ。一般民を中部山脈地方へ追ひやり手足まといをなくして本土作戦をすることを宣伝するつもりである。先づ明日研究会の常務委員会で話す。貴族院は衆議院や政府を鞭撻して立て直しをやって貰はねばだめだ。それが貴族院の責務だ。

井上子、陸軍が頭を切りかえねばだめ、そうすれば勝つ見込あり。

竹内、軍需大臣が軍需製造に自由にできない資材が半分ある。全責任をもたせて貰はねばだめだ。よいものは軍管理工場でよけ（マヽ）にとっていて出さぬ。自分は広瀬さんとはよい。大臣の更ったときにやめるべきだった。吉田さんは厚生大臣のとき自分が次官で知っているので、あまり頼まれそれ以上拒ると怒られるおそれがあったので留任した。

二月二十八日（水曜）

勇さん五時の汽車にて長野行。父上宛の手紙を持参さす。

午前十時世話人と連絡委員の懇談会。中御門侯より、二十三日夜帝国ホテルへ小林総裁に招かれて新政事結社組織に関し頼まれしも、当日出席せられしは水野錬、岩田、小原、飯田男（翼政の役員以外には）の数氏に過ぎざりし故、全部に御伝へするために集まりたりと云ふ。八条子より詳細の説明あり、招待状を見た上各人が態度を決定すればよし、心がまえをつくるために各派の人々に小林総裁の話を伝へおくことと云ふことき まる。更に議会再開のことに関し希望出づ。

石渡に空気を伝ふ。

午後酒井伯と話し中、林伯、溝口伯、三井氏来訪。大島子の話は大変なり。速に本会議を開かれたし。議長と相談、明日二時交渉会。

次田、東久世、関男来訪、麻雀。

斎藤樹来訪、砂糖を貰ふ。

五時より官舎に世話人に招かる。議長副議長以下事務官迄出席。加瀬君の話あり。加瀬、水谷を訪ふ。

まつ子より電話。

加瀬、二十二日佐藤、モロトフと面会、その電報昨夜着、モロトフはクリミア会談は発表以外のものは議せず、日ソ両国の関係は両国のみ之を知る。

中立条約のことを申出せしに、満足に思ふ、忙しいので忘れて居た、追って具体的交渉に入らう、二十五日の紐育会談は他意なし、アメリカのやりそうなことですね、と云ひしと云ふ。

近衛公が拝謁せし際に、此の戦争はだめだと申上げしに、軍は一大反撃を与へると云って居るがと仰せらる。そこで勝つでせうかと申上げしに、陛下は御返事を遊ばされず。（近衛は平和論者故殺せと云ふ怪文書出づ。）

陛下は杉山は知っていると仰せらる。高松宮は陛下と口論遊ばされたりとの説あり。

松平秘書官長は重臣の各個拝謁の始まり半頃に至り、加瀬に云ひし故重臣に対する事前工作出来ず。松は、重臣の内近衛のものが一番中味ありたりと云へり。東条や杉山に軍の現状をきき来りしことを知り、重臣拝謁のことを知れり。松はものの重点が判らず。広田には日ソ外交のことを御下問あり。

古野伊之助挨拶に来る。大平安孝案内。

まつ子より恨みの電話。

父上へ電報を出す。

三月一日（木曜）

ず。朝長野へ電話せしになか〳〵不通、十一時ようやく通

午後二時交渉会。引続き連絡委員会。質問の順序等を打合はす。即ち

一、戦況並に将来の見通しにつき（赤池氏）

二、空襲対策（松村氏）

三、食糧問題（西尾氏）

四、治安維持（小原氏）

につき質問をすることに決す。

稲田を介し宮中の最高戦争指導会議に出席中の石渡に対し、一両日中に本会議に於て戦況等を説明することを要求す。「暫くまって貰ひたい」との返答を得、更に五時伊東子と石渡を訪問、要求す。軍政、軍令両者とも作戦に多忙、議会の為めに手をぬく事は作戦に支障を来すから今は軍は説明出来ずと云ふ。議長と相談し明日十時交渉会を開くこととす。水谷川男来院の由。

酒井伯へ電話（不在）。

伊東子へ電話（児玉伯へ貴院の真意を伝へ努力させよ）。

水谷夫人来訪。六時塩原官舎にて笠原、唐木田の慰問会を開く。

（発信）三郎へ

（受信）後藤達也

戸塚九一郎

三月二日（金曜）

朝林伯へ電話。三井清一郎氏へ電話。

阿部より電話。陸軍との交渉を委すと云ふ。

酒井伯へ〃。次田氏へ〃。

大島、岡二氏より電話。松村義一氏より電話。加瀬より電話。

十時交渉会。小林、伊東、飯田、池田侯、小原、次田、太田。

渋沢金蔵午后一時半首相、石渡に面会の為め官邸へ行く。三時半首相と面会。

四時半交渉会再開。明日午后三時半首相を議長サロン

に招き首相個人の意見をきくこと、政府をして、軍部と交渉の上一日も早く本会議に於ける戦況並に見通しに関する説明をなす日を回答せしむることを決し、石渡に伝ふ。

山崎、田原より電話。阿部老来室。

田口氏来室、南はつんぼでだめ、やはり陸軍を抑へ得ず。宇垣を田中武雄等とかつぎたり。十日位前大木の家へ守衛が三人許り酔ってあばれこみ、他の守衛と格闘せりと云ふ。

大木来宅、交渉会の模様を話す。

前田多門氏挨拶に来る。

中御門、井上三郎、中山輔親へ電話。

加瀬君へ電話。

尾沢修治来院の由。

田口氏、田中に対し、小磯に木戸と心中するが奉公の残されたる唯一の道なりと云ひおけり。

（受信）小出一二三

吉家愛子

三月三日（土曜）　晴　暖

朝岡氏へ電話。

斎藤樹へ夜に行く。酒二升上げる。

神田駅にて焼跡を見る。悲惨。

十二時半重光外相に招かる。

議長、皇室存続、国体護持のためには、国民は精神的に玉砕するも、肉体的に玉砕するも可なり。只戦へさへ[ママ]ばよいと云ふ肉体的玉砕には反対と、昨日も大大名等華族集りて云ふ（島津、徳川正、浅野）。

三時半より小磯首相、児玉、石渡来り、戦況及見透しを説明す。二時間に渉り五時四十分頃散会。和かにはなりたるも、重点ははづれる。鉄□があればと云ふが如き条件付なるは困ったことなり。

（発信）徳川家正公（二日）

（受信）三郎

高橋和義

瀬名宗一郎

三月四日（日曜）　雪

十時麹町電話局へ行く。塩原へ電話。

十時三十分登院。質疑あり。

一時三十分首相官邸に於ける台鮮処遇問題委員会に列席。

三時次田、川西、佐藤基君来訪、麻雀。（一）四〇〇。

（予記）　発　　解

七、二五　　一〇、一〇

八、三六　　一〇、〇三

（空）　　（空）

御前崎よりB29百六十機。主力を以て皇都、九十九里方面より脱去。

（発信）父上（二十七日付）

（受信）野山義夫

宮下友雄

三月五日（月曜）　曇

二時二十二分地震。食堂の時計止る。

田口氏来訪。水谷は〇［アキ］会計へ酒ビン七本返へす。

一時半登院。調査会総会。一時半伍堂鉄鋼委員長の報告あり。引続き第二部会を開き、政務局長の欧州情勢の話あり。

太田耕造、佐藤喜四郎、田島少佐、中野参与官、松平康春、木村進、小村侯、大河内耕輝［ママ］子来室。飯田男、渡辺男来室。

田口氏、本日乙酉会工業クラブ（十時より）。横山は□□故侯補者にもならず、河原田は横山の友人故侯補者になれず。

田口氏、宇垣は大陸で米に一戦すれば勝つと云ふ。しかし日本本土を捨ててゆくと云ふ意味に非ず。小磯に木戸と心中させるがよいと思ふ。後は鈴木貫太郎がよし。切迫せる故いくつも内閣を更迭して宇垣へもってゆく。時間なし。田中は小磯にかけてた。敗戦を機会に退けと云ひし

［以下二行判読不能］

悪かりしと云ふ。

太田氏、陸軍の反省以外になし。陛下の御運がよければ日本は助り、御不運なれば国は亡びる。

[以下六行判読不能]

(予記)　発　　　解

○、一二　　二、○五

B29目標(各一機宛)浜名湖より侵入、京浜上空を経て東方洋上に脱去。

二、五○　　二、五五

B29、1機。

三月六日(火曜)　曇　雨

久保田記者より電話。

朝松本忠雄君来訪、日本は軍部の反省せざる限り、又大政治家の出でざる限り滅亡の外なし。小磯は退陣しあといくつでも内閣が興倒しおる間に、運がよければ大政治家が出て日本が救はれる。昨年十二月三十一日、小磯は陛下よりレーテは守れるかとの御下問あり、統帥部に対しレーテの死守を求めしに、レーテを天王山と云ひしは軍部に非ずと云ひしため小磯は辞職せむと考へしも、更に考へ直して、四日に比島が天王山なりと云ひなほせり。木戸はやめたがっているから、誰か行ってやめろと云へばやめると思ふ。木戸のあと適任者なし、木戸は此の次も〳〵も陸軍にやらせて、戦争の責任は陸軍なることを明にする考なりと云ふ。小磯内閣は御信任なし。井野、船田等は岸と共に産業組織を基礎とせる政治結社を組織せむとするものなり(岸と一処)。

午后二時次田、薬師寺、大村来訪。石渡君より電話。

山科君来訪。鮭を貰ふ。

三時発、岡氏(酒一升上げる)、佐佐木侯、広瀬(礼、見舞)、徳川議長(父入院の礼)、田中武雄(祝)、堀切善兵衛(祝)を歴訪す。

内田君来訪(不在)のため、後より電話す。

伊東、徳川公、東久世男、太田、岡、飯田、岩田、池田侯、副議長へ電話。

佐々木、「各派連絡委員会は副議長、交渉会は議長がリードするようになっては困る、連絡委員は交渉会の小委員に改組することが望ましい、酒井は政治的に動きすぎる、酒井が中央農業会だけはやめるとよい。」

（予記）発　解

二三、二三　〇、五五

Ｂ29、１機千葉県洲ノ崎より侵入、土浦、銚子を経て東方洋上に脱去。

Ｂ29、３機伊豆半島南端より静岡上空を旋回の後、南方洋上に脱去。

三月七日（水曜）　曇

十時登院。中御門侯来室。伊東子より電話。

議長来院。

松平康春子来宅。関男、伊東子、秋田三一、保科子来室。

一時前田運通大臣を官邸に訪ひ、塩原のことを頼む。

及川氏一時半来訪。飯沢君来訪。

次田、大村、加藤来訪、麻雀。（一）二〇〇。

石渡より、十一日開会と通知し来る。更に下院の要求により小磯首相より発言することになる旨申し来る。

（受信）三郎

森定義

三月八日（木曜）　曇

四時Ｂ29の如き音の飛行機上空を飛ぶ。

九時詔書奉読式。

荒井庚子郎より手紙。

十時より連絡委員会。中御門侯、伊東子、山岡氏、岩田氏、太田氏、次田氏、飯田氏、東久世男、溝口伯、結城氏（島津公、岡、水野氏欠席）。

開会前石渡氏来院、米英のききたそうなアルミニュームはいくら、飛行機はいくらなんてきいて貰ひたくない。公開を望む。

左の決定をなす。

一、総理の発言は公開のこと。

一、右に対する質問は其のときの都合に依り秘密会にするやも知れぬ。

一、質問者は大体赤池氏一名の予定なるも、時宜西尾子（目が悪く不能なる場合は、適当な人を出して貰ふ）、松村義一氏、小原直氏が補足的質問をするやも知れず。尚会議終了後他に発言あるも優先的に之等の人をやらせ、他の発言者はあとに入れることを希望される。

石渡へ電話。陸海軍大臣は戦況の報告すべきものなしと云ふ。

夜議長へ電話。

西尾子来る。板垣征四郎がよいと云ふ説あり。

（予記）Ｂ29、３機

（受信）吉家さんより林檎。

三月九日（金曜）　晴　風　暖

加瀬、館林に電話。数藤、勝俣へ電話。

加、明日重臣が首相と会見、辞職勧告をなす筈。

十一時登院。関男来訪。敵は日本に五千機ありと考へおる由。従って関東には上らず、伊勢湾に上るべし。

小村侯来室。田中武雄来訪、明日辞職勧告。宇垣がよい。宇垣は出来るだけ戦ひ、だめなら戦をやめる考なり。佐藤ダマレが局長をやめる前に田中と会食、宇垣内閣に反対したのは一生の失敗なりと懐せり。

藤井刑事来訪、政府は台鮮処遇案を通したる上、二十五、六日頃挂冠すとの説あり。昨日新政治結社の会へは二百三十名出席。

去る六日貴族院議員三十名（勅選集り）、三井氏あり。翼政との連絡委員として新党に関する報告あり。大塚氏等、この非常時に何のことぞと大に反対せりと云ふ。

明日午前連絡会議、午后閣議。

木村、二百二十万（内百二十万は既教育）を三月中に動員、工場移転に伴ふ。議長へ電話（空襲と国会）。

五時より書記官達を議長官舎に招く。陸軍は米を百万乃至二百万石、動員のためくれと云ふ。

松子より電話の由、不在。更に美津子より電話。

（予記）発　　　　　　　　解
　二二、三〇　　　　三、二〇
（予記）大空襲。登院。
　二十四万戸焼失、死者三万、罹災者百万と称す。
（発信）庸二（35）
　小林定義、福田八郎、原光雄、篠原栄一、松
　子、藤野英陽、中川勝実夫妻（悔状）

三月十日（土曜）　晴　寒

木村進来訪。

十一時松平伯未亡人を見舞ふ。前庭に去る四日二発爆弾落下。八田氏に祝に行く。

車故障、一時半帰院。議長在り。石渡より電話。

東久世男来室。次田氏来室。館林君より使。内田君より落花生。

夜七時更に石渡より海軍大臣の発言を追加し来る。

議長、伊東子に電話。副議長其の他へ寺光にかけさせる。

次田氏、昨日田中にあひしに、小磯はやめたがって機会をまっている。次には宇垣を出さむとしている。宇垣については人民投票ならば最高得票あらむ。只木戸をやめさせる位の条件は出すべしと云ひしに、田中は全く同感なりと云へり。

大塚惟精君にあひ罹災民の軍部に対する呪詛（ジュ）は大変なりと云ひしに、びっくりし居りたり。

阿部老人、昨日重臣と首相とあいたり。

議長、細川の話によれば昨日重臣と首相とあい政府の決心を聞たりと云ふ。やがて政府変るべしとのこと。

（予記）蒋介石著「中国の運命」を読了す。

　昨夜の空襲による被害議員。

　西尾子（一部）

　山県公、
　板谷宮吉氏、堀切善兵衛氏、穂積男、一条公、
　柳原伯、内田信也氏、伊藤文吉男、向山男、
　宍戸子

三月十一日（日曜）　晴　寒

西大路子より電話。九時半登院。児玉伯来室、質疑を一人にせよと言ふ。拒る。

一時五分本会議（研究会総会の為め五分おくれる）。首相、陸海相の発言。赤池、松村、河井氏質問。〇時五十分休憩。

児玉伯定足数を云ひ来る。慣例を教へてやる。先づ延会しませうかとやじる。休憩中田口氏来訪。大河内子来訪。

二時再会［ママ］。深尾男報告。大河内子質問。

加瀬来訪、昨夜四時半四人が首相にあひし筈、御上が陸海の統率、軍政両方面の首脳を一人一人御召になり、ABを一所にせよとの御諚あり。小磯のやめるのは、戦局の行詰りよりもこの御諚に対し解決策なきためなり。之は石渡すら知らず統率部の友人より聞きしもの。重光にだけ話す。御上の御親政の顕れと解すべきも、形式は何れにせよ実質には御親政による外なし。陛下は自ら責任をとられんとし、国民はそれは申訳なしとて自ら責任をとるに至らば、我帝国は存続すべし。

九日夜近衛、酒井、前田夫人、内田信也等を招く。食事の前後、重光と近衛と一時間位話す。食事中重光が「［アキ］」と云ひしに対し近衛賛成、酒井伯は急にやるのは考へものだと云ふ。酒井伯はえらくならうと云ふ考があるので利権に立ち廻らうとしているが、結局だめになる。

国民全体が死（肉体の死ならず、精神的の死、即ち屈心）を覚醒せば、米との交渉により皇室の存続出来得可し。米の交渉出来ても国民が二つに分れてメチャ〳〵にする虞れ多分にあり。重光も真意は玉砕には反対。理想はCの内閣をつくるにあるも、今はAを無視し得ざる故、Aを首班にしCの意見を行ふ内閣をつくる外なし。

杉山はわかりおる由。しかしわかりおることを明にすると直ちに失脚するおそれあり。南は世界征服論者なり。重光が大臣になりしとき来りて、米征伐・ロシアがシベリアを有するは不法なり、之をとるべしと真面目に主張せり。最近反ソ派が木戸、岡田、吉田茂、重光を暗殺せむとし、重光は負傷せりとのデマありたり（近は入りおらず）。

夜清水中将より電話。斎藤より電話。

松子より電話（保険の件）。

田口氏、乙酉会は始め無記名投票の結果二人の入会を決定せしも、之にては会員を増加しえざるにつき、二つの黒票は差支へなきことにしてやりなほす。（何名位入れる必要ありやと問ひしに、四十名位とのことなりし故。）

芳沢、石黒、松本学、川原田[ママ]、村瀬、次田、東郷茂徳、出渕、結城安次、竹下豊次、堀切善兵衛と善次郎、藤沼、後藤文夫
宇垣内閣は大蔵公望が担ぎおれり。大蔵がおらぬ方がよきも、味方同士の分裂の憾あるにつき黙しおれり。

（発信）吉家愛子、佐藤宏、清水中将（三月一日）、
野山義夫

三月十二日（月曜）　晴　寒
小山邦太郎、小坂武雄へ電話。
夜清水中将来訪、蒋との交渉を時期を失す（南京陥落の前にありたり）。蒋も米勢力の拡大と、三角地帯が共産党にとられるおそれあるとの為め煩悶しおるも、日本と手を握ることは米が極力邪魔するので出来ず。蒋は大東亜人なることを認識しおれり。支那人は国家意識強きも表面をぼかしている。英米の如く智識高く教養あり金があるものは尊敬するも、日本人の如き（多数の下層日本人）貧乏にて威張りおるものは尊敬せず。札の製作に苦心す。十円札にて尻をふく。一円以下の札は製作費の方高し。正金の分応召、ウイスキーを処分せしに四十万弗になる。蒋は延安とは一所になれず。之が国事に有利なると共に不利なる場合もあり。西南鉄道は捨るに至らむ。南京政府は微力なり。周仏海は大国策なし。青木に対する非難あり。岡村大将は南を尊敬す。南内閣よし。陸軍の支持者多し。小磯、杉山も、梅津、阿波[ママ]もよし。

小坂武雄来訪。

十一時登院。中御門、次田両氏来室。

池田侯、河井氏と打合せ。正午清水、斎藤来、食事を共にす。

庸二の友人三上佑来訪。

徳川公、酒井伯、伊東子、東久世男、渡辺修二、岩田氏、岡氏、池田侯、太田氏（不在）に電話。

稲田書記官へ電話。石渡へ伝言して貰ふ。

内田、長谷川来訪。近藤より鯛。

今朝名古屋地方大空襲（二百機、二万戸）。

（発信）加藤知正氏へ□状返送（書留小包）

（受信）まつ子（利男宛）

三月十三日（火曜）　曇

朝武井君来訪。

十時連絡委員会。中御門、東世久〔ママ〕、太田、次田、伊東、織田、岩田、江口、結城出席。石渡官長を招く。

小村、太田、安岡、大塚、久保田来室。

太田、一昨夜四人と首相と面会、決意を促せしも確たる返答なく、この儘よた／＼やって行く積りらしい。平沼は最後迄戦ふつもり。しかし今の戦のやり方ではだめだと云っている。首相が陸海両相を代表して答弁せしことは結構なり。

安岡、木戸、近衛は現役陸軍大将を後任首相にする外なしと考へ居れりと、広瀬二、三日前記者を集めて云ふ。

大塚、近は、南次郎をあまり買ひおらず、重光、有田を相当に買ひおれり。近は、多くの内閣が更迭すれば自ら時局を収集〔ママ〕し得るへ出ると見て居る。今は手はないと云っている。近も媾和を希望す。平沼も始めはかち／＼にて四人の内で一人考が異ったが今はやや判って来た。後継内閣は現役陸大と見ている。寺内、板垣、阿南、畑の内か。梅津は暫く現住地に居るものと見ている。

河井氏より電話。

（予記）庸二誕生日に付き、赤飯をたく。

小原へ使を出し日程を求む。

（発信）庸二（36）保民
（受信）近衛文麿
堀井美枝子

三月十四日（水曜）

十時本会議。大館〔ママ〕の報告不評判。小村侯は、あれでも大臣かと云ふ。

配給機構破壊の為め議員食堂の食事の準備出来ず、パンと無糖紅茶を20g宛にて売る。

十二時五十分議長官舎にて世話人院内会あり。加瀬君より大臣の伝言。

二時より工藤満州国顧問官より満州事情の説明あり。

満州事件は大御心に反せし戦なりと云ふ。満人の八割は日本反対なりと云ふ。

岡氏来訪。宍戸子爵来訪。

大塚来訪。大木より電話。

加瀬、本日近上京、閑あらば面会することになりおれり。先日は重臣三人（若槻氏欠席）首相と面会、あまりつきすすみし話出ず、ふら〳〵やって行くつもりらしい。Aは此の内閣を投げた。Bが少し未練がある。

重光は徳川議長に御目にかゝりたし、とのこと。

水谷を訪ふ。

夜塩原を訪ふ、南が世界征服論者なることは始めてきけり。重光とは懇意故勢のよいことを云ひしものか。

南は翼新党運動には興味なし（一党論の反対の如し）。

政府、軍部、議会が共力〔ママ〕せねばならぬと云ふ。先づ軍部を互に意思疎通をはからる要あり。三長官がざっくばらんの話出来ず。梅津に南が云ひしに、三人が会ふて話の出来るやうに骨折ってくれと云ふ。梅津、阿南は常に南へ出入す。小磯は四度南に使はれしと云ふ。

南は松岡が日ソ中立条約を結びしとき非常に喜びたり。

方針「先づ南首相の下に梅津、阿南をそろへて、陸軍をしっかり操りて和平へもって行く下ごしらへをし、場合によらば次に宇垣内閣をつくること」。宇垣内閣の運動者多し。大倉〔ママ〕男はマイナスなることは同感。東条にあひしに日本は負けて居ないと云ふ。理由は米はソ聯を仲間に入れ北方、大陸、太平洋三方面より日本を挟撃する予定の処が、太平洋方面が破られただけで他の方面は破られて居ない。従ってまだ負けては居ない。

夜井上侯より電話（桂公広君の件）。

夜石渡より電話。「翼政へ十七日衆議院へ台鮮干係案を出すと云ったら、十八にする、十九日にするか、任せろと云ふ。宜しくたのむ。」

（受信）仲俣徳一郎

三月十五日（木曜）

朝木村進君来訪。醤油を貰ふ。

吉家へ電話。中御門侯より電話。羽田秘書官より電話。

岩田氏、太田氏（不在）へ電話。関男来院。

中井一夫、東久世男、飯沢、及川来訪。勝俣へ礼の電話。

中井、柴山に、この戦争を起したのは陸軍だから、陸軍が全責任を以てこの戦争を解決すべきだ、軍政でも何でも布ひてやればよいではないかと云ひしに、今は政治に干与しないことになったと云って居た。杉山は機会のある度に政治不干与を云っている。新政治結社は見た上で態度をきめる。後継内閣宇垣説相当あり、新政治結社の南次郎を総裁にして、次の内閣の首相と云ふ考もあり、小磯内閣がやめるなら、そのやめる小磯の息のかかった新政治結社をつくるのは変だと云ふものあり、今も自分は当分結党を見合せたらどうだと云って来た。

東久世、準備世話人会に出たのは研究七分公正三分、次田君などは出ず、小委員会には出席する人次第に少くなる。下村なども出ず八条も出ず。

飯沢、小磯を総裁に（やめた後）推戴せりとの説あり。小磯はやめたがっている。国民の九五パーセントは和平希望。

羽田秘書官、Aは軍政を布く（ロボットを首相にし軍の申入たことを行はせる）ことを考へなるものの如し。

小磯の議会に於ける答弁（最高戦争指導会議に於ける陸海軍両相を代表しての）とは反対に行きつゝあり。及川、三井の主脳部も平和に賛成なるも、軍の用事にて辛じて営業しおる故、軍にたてついて平和運動などは出来ず。

夜水谷川男より電話。川上貞司より電話。

島田農商大臣より茶モノ牛肉。

（受信）尾沢修治

三月十六日（金曜）曇

太田耕造、次田氏、大河内子より電話。

近は、陸軍が参ったと云ふことを自覚する迄はだめだと云ふ。

陛下に拝謁の際、陛下より梅津が来て皇室を米は否定すると云ふ話があったが意見を問ふとの御言葉あり、一部の意見にして全部の意見に非ずと考ふ。しかし長びくにつれ一般の意見となるに至るやもしれず、速に平和を将来〔ママ〕するが可なりと存ずと申上げしに、一度反撃してからにしたいと云っておられた。（五月になればロケット飛行機が出来る、それにより一戦して後にと云ふ御考へらしい。）そこで言葉を御返して、勝つことが出来ませうかと申上けしに、御答なかりき。陛下は高松宮に対して悪し。自分は木戸はだめだと云ひしに、近はだめだがまだあれでも悪ものよりもよいと云ひたり。木戸は殺されるやも知れず。しかし木戸のかはりに少壮軍人の逞まで戦を継続せむとするもののロボットとして、杉山の如きものが内府となり君側に入らば大変なことになるべし。

陸軍の反省せざる限り内閣が更っても仕方なし。従って現内閣の倒壊も希望なし。この内閣で粛軍が出来るかと云ふに、出来ず。内閣更迭と粛軍は卵と鶏の関係。南は現在の状勢を将来〔ママ〕せし元兇の（梅の枝を正に手向く。）一人なり。南等がしっかりして居れば斯うはならなかったのだ。重光を近はあまり買ひおらず有田、吉田を買ひ居れり、

十五日の正午の首相官邸の会合にはつまらないから出

なかった、と。

夜川上貞司来訪。

三月一七日（土曜）　曇

朝二時警戒警報。編隊とのこと故起き出づ。

保科子来訪。九時半登院。

理髪。小村侯、関男、滝川氏。

滝、昨日木戸内府に面会。現内閣にはあきらめおるものの如し。適当なる後任者あらば賛成すべし。宇垣大将を知らず。南大将は適当なるべし。

夕刻副議長より電話「桂公の入隊報告を議場にてすること」。

（予記）二時二十七分より四時三十分の間に、神戸にB29六〇来襲。市内三十三所より発火。

（受信）尾沢修治

吉野信次（見舞）

仲俣徳一郎（祝）

三月十八日（日曜）　晴

十時本会議。

佐々木侯、大河内子、斎藤君、桂公、徳川正公。

桂公宅へ議長の祝品を届ける。広岳院へ行く。議長室へ火曜会の人集る。

議長、「宮田君来り、ソ聯を通じ何とかせねばならぬ、それにはこの内閣ではだめだ、内閣をやめさせるには御上の御命令による外なし、御上には近衛公より云って貰ひたい、それに御骨折を願ふとのことなりし故、自分は議長として困るから、細川と島津に云って貰ひたいと云ひおきたり、」細川外火曜会の人々多数議長室に来る、近公の居所を探せしに京都にありとのこと。

田島少佐に桂公、河野書記官のことを頼む。

午后衆議院の本会議を傍聴す。相当野次あり。細川は、資材の配給なきため学徒は手を空しくして居ると云ひ、

安藤正純より一本とらる。

石島より電話。

夕刻亀田力造君来訪。

（予記）桂公は衛生材料廠へ。
　阿野は十日迄召集延期となる。
（発信）小沢みさ、飯島、藤野（農地の件）、松崎警務部長（アイ子の件）
（受信）小沢みさ子
　　飯島直一
　　稲畑勝太郎

三月十九日（月曜）　晴　寒

二時より五時名古屋大空襲。

十時登院。関男、西郷侯、佐々木侯、京極高鋭子、次田氏来室。

大木君を訪ふ。溝口伯に面会。

大木、政府は二十一日頃迄にすませたしと云ふが、困難ならむ。昨日質問のありし際に首相が陛下の御視察につき言及せざりしため、岡田議長は大に慨嘆し石渡をよび不満を表明し、首相に伝へむことを求む。後に石渡が議長にあやまりに来りしも、議長は承知せずと云ふ。

議長登院。昨日火曜会の人の集りしは大大名、五摂家として如何なる行き方をすべきやを話し合ひたり。

溝、児玉伯は先日研究会へ来て会期延長と云へり。

三月二十日（火曜）

十時院令改正委員会。

正午富田健治、小阪〔ママ〕武雄来訪、食事。

二時次田、大村、大池来訪、麻雀。

河村氏（洗足の借家人）来訪。

六時議長官舎に岡部前衆議院書記官を招く。

水尾夫人来訪。仏様に御はぎを供へる。

富田、軍人の純真で何も判らぬ連中は、岩田首相、阿南陸相を考へおれり。富田も日本存続のため和平を下るを必要とす。東条が塚本少佐をサイパンにやりしことを非難す。鈴貞は三度戦争に対し態度を変更。近衛内閣当時開戦反対、東条より残れと云はれしとき近に電話にて開戦せざらしむるため残ると云ふ。而して東条内閣を去るや又近の処へ来て東条の悪口を云ふ、風上におけぬ奴なり。

三月二十一日（水曜）　晴　暖

伊東子より電話。

東久世男より電話（無事帰京の由）。

朝十時発、多摩墓地に正の墓に詣ず。津波吉氏の墓に詣ず。参詣者極めて少し。時局の為めか。三瓶を随行させ、梅の枝とチューリップを家より持参。

小村侯（不在中電話）、寺光、松村、議長、副議長へ電話。

下院より選挙法の送付なき為め、明日は本会議を開かず。

八□来る。正に花を持参しくれる。

六時定時通話にて松子と話す。父の御病気よき由、保民、みつ子もよき由。

犀北館へ宍戸子爵宿泊のことを頼みし電話、通ぜし由。

（予記）池の水とける。

十二時硫黄島の膽部隊は総突撃を敢行（十七日夜半を期し）し、爾後通信絶ゆ。栗林戦死。

南無阿弥陀仏。

（受信）まつ子（十六日付）

三月二十二日（木曜）　曇　風　暖

裏松子より電話（明日開会せられたし）。

朝塩原来訪、南は大常識家なり。一度たたいて和平の手を打ち、それでだめなら一億玉砕の順序で進むだらう。ロシアを利用したしと云ひおれり。新政治結社の総裁にはならず、金光が担ぐ。金光が最近自分にあいたしと云ふ。岩田法相をすすむることを申込む、陸軍は自ら責任をとるを欲せず、最近政治より益々遠ざからむとす。太田は平沼とはなれた、一箇の存在なり。最近梅津を担いだと云へる。陸軍の連中が最近南の処へよく出入りす。柴山は敵が①本土へ直接来るか、②支那大陸へ来れば楽が、③沖縄、アマミ大島などをとってゆっくり攻めて来ると困ると云って居た。

小磯と石渡と植場は義勇奉公隊結成に熱心。地方長官を隊長とするもの。次官会議でも反対。海軍次官が統卒[ママ]権との干係はどうするかと云ふ。

関男、安井誠一郎、宍戸子、大河内子、東久世男、浅野侯、徳川正公、松平康昌侯来室。

安井、軍は宇垣の出現になほ反対なり。

議長、伊東子、東久世男へ明日の日程に付き電話。

（予記）玄関前の氷全くとける。

（受信）利男（十五日付）

三月二十三日（金曜）　晴　風やむ　暖

十時本会議。林伯の院令改正賛成論。

十一時半各派交渉会。服装の件。

引続き連絡委員会。鞭撻決議は不要、するならば強硬決議なり。前年は貴族院のため、今度は事情が異ふ。政府を鞭撻するか強談するかの外なし。岩田氏、三井氏、東久世男、次田氏同意見。

三時十五分休憩後の会議、衆議院より赤字公債を受取り日程に追加、委員付託して散会。

関男へ煙草を礼に上げる（衣料切符の）。

星野君、太田君、次田氏、渡辺伯、中野参与官、中村参与官、西尾子来室。

星、新政治結社に反対。熱心なのは伍堂位なり。下村、湯沢、八条も逃げた。災害地行幸を問題にせられたし。長野等小林側近の者風呂をわかす。[アキ]は三奉行（金光、山崎、大麻）はけしからんと云ふ。賀屋は小林のために行動す。

（予記）昨日付にて勲章昇叙の由。

　久振りにてマーチ入りの戦果発表

三月二十四日（土曜）

［記述なし］

三月二十五日（日曜）

十時本会議。

午后岡部子来室。宮田氏、委員長報告後の意見の陳述まづし。川〔ママ〕瀬子の発言はよし。

酒井伯、宮田氏老いたるか。次田氏、松村氏来室。

夜小出一二三兄弟来る。

美谷島、小金をもっている連中はこれ以上金が入ってもつかへるかと云ふ考をもち、この程度に於て戦をやめて貰ひたいと思ふ。疎開の人々の内殊に女世帯の人は非常に恨む。やけることを希望す。戦争をやめて貰いたいと云ふ者は七分、年齢で云へば二十以下は戦争賛成、三十以上は反対。

夜小林治斎の代理より電話。

三月二十六日（月曜）　晴

朝六時半小林治斎より電話。

十一時閉院式。後議長より挨拶、答辞。

長、中川二氏来訪。

正午首相官邸。戦時食。岡田議長答辞。藤野次官に佐佐木侯のことを頼む。佐藤基君にも頼む。
○時半福原家令来訪、議長よりの酒肴料を戴く。
中川勝富君来院。

二時より麻雀。川西、薬師寺、佐藤。（一）一四〇〇。

内田君来訪（賞与の件）。

六時より議長官舎へ司法省の刑事局長、刑政局長等を招く。安井、村田二氏も陪賓として招く。

（発信）庸二（３７）

三月二十七日（火曜）　晴

近藤へ電話。

朝水尾夫人より電話（高野氏の件）。

石橋君来訪。森田君来訪。

東久世男へ礼に行く。中御門侯へ縄をやる。

徳川議長へ礼に行く。

小阪〔ママ〕武雄へ電話（長岡隆太郎氏より依頼の件）。長岡氏へ電話（不在）。

一時半検事局に佐藤検事正及長野検事を訪ふ。写真、御紋章入金盃迄もち出せり。頭がどうかしている。何とも手のつけやうなし。黒木未亡人へ電話。羽田秘書官へ電話。

三時半重光外相を訪ふ、今度の首相は確たる政策を有すること（戦ふか和するか）が大切。又どちらでもよいと云ふ融通無げなることを必要とす（即ち玉砕でなければいかんと云ふが如きは不可）。南は騎兵出身、宇垣、小磯と共に謀略家なり。議論あらく政治を解せず。関東軍司令官のとき満州事件を起し、朝鮮総督時代も彼の側近の者は非常によくやりし様宣伝するも必しも然らず。本日新政治結社の総裁を引受けし由首相より閣議に報告あり。陸軍三長官の推薦の形式をとりたる由。梅津、阿波〔ママ〕の方が大局がわかり居るやうに揃へらる。しかし首相として如何との批判ならば又別なり（他と比較して見て）。陸軍が政治面より手を引かざればだめ。戦が勝つことは希望。勝てぬとしたら一広国体護持のためには精神的に忍ぶべきを忍ぶ手を打ち、それでもきかぬならば玉砕することに国民が決心すればよい。

軍人は玉砕すれば即ち死することにより責任は解除せらる（しかし政治家は死するだけではだめ）、軍人は故に玉砕をすることを主張し、玉砕する道は敗けたと云はず。大島大使の報告などこの気持にてよむとよく判かる。

大久〔ママ〕侯爵等は、この際総てはだかになりて国体を護持するの要あり、戦に勝つも下よりくずれるおそれあり、下よりくづるれば華族などなくなる、ロシアを利用すること希望すべきことなるも、むつかしい。

次田氏より電話。岩波当選（一〇三対三七）。

水尾夫人へ礼の電話す。

（受信）高山憲治

三月二十八日（水曜）　晴　暖
九時二十九分新橋発伊東行。伊沢翁を訪ひ昼食を馳走され、〇時二十二分同地発帰京。熱海にて警戒警報出でしも、間もなく解除。
五時より内務省連を議長官舎に招く。安井、〔アキ〕も同席す。

東久世男へ電話（片岡の件）。

夜尾沢修治来訪。

三月二十九日（木曜）　晴　暖

朝斎藤君（いはし）、松村氏（貨車だめ）、中村梅吉（徳川公の荒地の件）へ電話。斎藤君より使、ブランデーを持参す。

朝九時大蔵大臣を訪ひ防空強化工事のことを頼む。

十時四十分大森佳一男の告別式に列す。

正午日本銀行に渋沢総裁に招かる。子爵の幹部と同席。

警戒警報発令。徳川伯、岡部子、伊東子、松平康昌子、保科子を送る。関男来院。岩波氏へ祝の電話。

内田君来宅。高辻のことを話す。

田口氏来訪、南は最後迄戦ふべし。海軍の野村吉三郎とはよし。総裁にならなかった方がよい。満州へは長岡、大野、武部を推薦しやりたり、他には文官のスタッフなし。人付きはよし。

近藤、長谷川、赤沼等風呂に来る。

勲章を受取る。

（予記）徳川伯、井上子、大河内正敏、曾我、八条、岡部、織田、保科、松平康春、裏松、伊東、北条、大木伯、結城、小林、渋沢

（発信）まつ子（叙勲）

仲俣（カー）

三月三十日（金曜）　晴　夜雨　暖

十時より荒木大将の話あり（思想）。

副議長登院。

山県公挨拶に来る。木下信挨拶に来る（不在）。

塩原、加瀬へ電話。

夜大木伯より電話。

夜松子より電話。

三月三十一日（土曜）　晴　暖

朝藤野君来訪（林子を貰ふ）。清水来訪（卵と椎茸も貰ふ）。

理髪。大木を訪ひしも不在。石井記者に面会す。

加瀬、富田、木村、大河内子来訪。

成田長官より砂糖を貰ふ。

黒木竹子様来訪。硯を貰ふ。

年度末賞与を出す。

近藤、林書記官来訪。

加、木曜日小磯が木戸に面会、内閣より人心去りたりと云ひしに木戸は黙しおりたり。改造をしたしと云ひしに、人心が去ったのに改造はおかしいと云へりと云ふ。小磯は木戸はけしからんと云ひおる由。

富田、同様の話をす。

（予記）二十六日セブに敵上陸の由。庸二の勇戦と武運の長久を祈る。

（受信）利男（十日附）

四月一日（日曜）　晴

朝藤野君へ電話。

東久世男を訪ふ（椎茸を上げる）。

黒木竹子様を訪ふ（林子を上げる）。

堀井源作氏遺族を訪ふ（香料を上げる）。

二時橋本辰次郎氏を訪ふ。家を借りること。

次田氏より電話（大日本政治会に対する態度）。

四月二日（月曜）　晴

二時半より四時迄空襲。

朝水尾へ置物を返却（椎茸を上げる）。

岩波氏へ祝に行く。田中辰之助君を見舞ふ（林子、卵を上げる）。

田口氏を訪ふ（不在、夫人に面会）。

夜中川勝富君、内田君来訪、食事を共にす。近藤前神奈川県知事は感情的にて、食糧の配給等不公平で困った。

（発信）加瀬（領収証の件）

渋沢子（礼状）

（受信）岡部
木内

長田福一

四月三日（火曜）　晴　暖

五時上野発帰長。十一時四十五分着の処一時半着。之でも成績よき由。ボロの行列、無秩序の群集。帝国の前後を奈如。

三時半利男より電話（本日帰京の由）。

四月四日（水曜）　曇　雪　寒

午前伊藤警視来訪。

五時信州に知事に招かる。藤野、高橋、原同席。後知事を訪ひ麻雀。十二時帰宅。

四月五日（木曜）　寒

朝石井来訪。

十一時井沢政頼君妻の法事に列す。

三時近藤より電話（今朝内閣総辞職）。

三時半小坂武雄へ電話。

四時石井家を訪ふ。

夜小坂より電話（鈴木枢相へ大命降下の由）。

四月六日（土曜）　曇　寒

朝小坂武雄へ電話。

藤野へ電話。

和田芳郎より酒かすを貰ふ。

夕刻利男より電話（関東出張所へ転任の由）。

阿部、陸軍は、重臣連が今迄ことごとに邪魔をしおりて今度は代理者を出して組閣した、米内が留任したさの策動だ、と云っている。南は国務大臣たることを拒りたり。軍は政治面より退き本土策戦に専念することとなり、総軍を二つおく。一は金沢以東（杉山）（東京）、一は京都以西（畑）（広島）、之で総軍は五になる。

酒井、沖縄では戦果をあげて居ると云ふている。南の端で防ぐと云っている。海軍は全力をあげてやることになっている。研究会から閣僚を出さぬでもよい。裏松辺りは閣僚を出したいと云ふだらう。(自分をおいては意味あるやに受取りたり。) 陸軍の話によれば、三月の飛機生産高意外に多しとのこと。河田烈君が海軍の沖縄に於ける戦果が上りつゝありと云へり。

四月七日(土曜)　晴　寒

静岡東地方空襲。

朝三郎へ電話。

あんまを取る。

藤野君より電話。三郎へ電話。

午後青木信子さん来訪。

夜小坂、小出より電話。

四月八日(日曜)　曇　暖

十時十分発、父上を高岡に御送りす。長野空襲を考へ一安心す。

正午小林才治の法要に列す。潜水艦にて南方にて死せしもの。

一時宅発、帰長。三郎同行。不在中小坂夫人来訪の由。藤野を訪ひウイスキー一本やる(不在)。後知事を訪ふ。阿部(ママ)内相の知己なり。あべ級の新進の内閣を予想せしに、期待に反せりと云ふ。土佐以来の知己なりと云ふ。

後小坂武雄君を社に訪ふ。

四月九日(月曜)　晴　暖

小坂へ電話。

朝父上より使にて、五〇〇円持参す(要二)。

小坂より電話(内務次官等)。三郎午后一時十五分帰る。

小林一二三来訪。夕刻下倉守衛来訪。九時迄防空演習に出る。

四月十日(火曜)　曇　小雨　暖

六時八分長野発、一時半上野着。四十五分延着。

登院。議長、加瀬、吉家へ電話。秋田氏、桐生巧、副議長来院。
保科氏来院。阿部老人、河井氏来訪。
四時加瀬君来訪、そばを供す。八時近藤来訪、そばを供す。

加瀬、今度の内閣に対し陸軍は、1戦争の完遂、2陸海の統合、3本土決戦の準備を整へることを申出す。陸軍は、陸を主とする陸海の統合なれば本土決戦で勝つと云ふ。而して海軍が反対のことを陸軍は知りおれり。陸軍は本土の兵二百万、しかるに装備は半分もなし。海軍は百四十万位、しかるに鉄も飛行機も半分宛を要求す。否飛機は海軍は却って多し。艦隊なき海軍は無意味、陸軍へ合併すべきものなりと云ふ。而て米内氏が反対の急先鋒なりと考へおれり。その米内氏が留任したることを陸軍はよく思ひおらず。

鈴木首相は平和工作を考へおれり。殺されることを覚悟す。

東郷は信念の人。大東亜戦を始めし責任あるにつき、之を収集(ママ)する責任ありと考へおれり（政治性はなきも）（重光の方は政治性あり）。

六月頃が大変なり。独乙は一ケ月位にて負ける。ヒットラーは南方にあり、ロシアを破り次で英米を破る自信ありと云ふも、西部戦線にては三、四十万の兵だたばになりて投降しおれり。

陸軍は始め阿南を内相兼任にせむとせしも、固辞して受けざりしため小物内相をつくりし次第なり。

鈴木は四重臣は予めきめおきたり。東条一人は畑を推したり。

富永は命を受けずに比島より逃げ帰れり。為めに予備に入れられたり。ラウレルは台湾にあり。奈良におくこととなるべし。オスメニアがマニラにて大統領になりおれり。マニラには日本兵居らず、東方に時々進出しおるのみ。バギオも大に攻撃されおれり。琉球は結局はすてる外なしと陸軍も考へ居れり。海軍は飛機を台湾、琉球に集め、一集団の来る毎に全滅させる計画の処、一ケ月敵の来襲日なかりしため集め得らるゝもので攻めしため、何時も残りが出来困りおれり。しかし全力を尽しおれり。

東郷は、戦の終局に干し鈴木の考に一寸とわからぬ点ありしため、就任の承諾がおくれたり。外務省としては変なものがなりては困る故、東郷を推したり。始め迫水も木戸も重光を重任と考へおりたり。重光を殺すのは惜しい。七日の朝迄迫水は、重任と思ふが鈴木さんが少し考へていると云っていた。昼になり重任でないと云って来た。重光は迫水へ手紙をかき、君は内閣書記官長、美濃部を統合計画局長官、加瀬を情報局総裁にしては如何と云ひやりしと云ひたりと、加瀬にかたりし由。迫水は美の部を通じて岸とよく、又阿部源〔ママ〕とも関係あり。阿〔ママ〕は木戸とも関係あり。この内閣がだめならつぶせばよし。今冬は消費地は非常な困難に遭遇すべし。仏も農民が一番よし。小磯は四日迄現役復帰を策せしに、陸軍は、米内は首相たるために予備に入りしものなるも小磯は然らずとて、陸相の後任者を推薦し来りしため失敗。小磯は時局を全然認識せず。

有田氏はこんな不評判の内閣はないと云って居た。


（予記）沿線の梅（横川辺）、桜（熊谷辺）満開。

花くはし桜は咲けど人の子は
　春の心に得なりぬべき

（受信）小林桂太
　留守中仲俣、稲畑氏二通、小沢みさ子、桂太不幸電話、田口、阿部、照屋、伊沢、文部次官、加瀬、徳川公、次田氏、吉家

四月十一日（水曜）晴　暖

朝次田、岩波、龍川へ電話。

岩波氏来訪、卵を戴く。

岡田忠彦、太田耕造、広瀬蔵相へ祝に行く。

理髪。関男来院（御宅の疎開の件）。

正午世話人理事会。議長も出席。官舎。

阿部老、安岡来院。斎藤の大東亜次官説。安岡、小磯は朝鮮人より勅選を約束して金をとる。不実行の場合は告訴すると云ふ者ありしと云ふ。

次田、大河内子、及川君来訪。及川君に物産株百株名

義書換の為め預ける。
後川西、大池来訪。麻雀。（十）二五〇〇。
久保田男に、岩倉男よりの疎開のことを頼まれて頼む。
久保田男快諾。それを岩倉夫人に夜伝へる。
岡氏よりも久保田男に依頼方頼まる。
（予記）平河町の桜満開
（発信）稲畑老
　　小沢みさ子
　　小林桂太（祝）

四月十二日（木曜）　晴
朝木村より電話。
十時大空襲の如くなりしも、大したことにならず。
午后大池、内田、西沢来訪、麻雀。（一）七〇〇。
午後官舎にて議長に招かる。
岡氏来訪。高宮太平来訪。
（予記）桜散り始む。
（発信）高山憲治
（受信）飯島直一

四月十三日（金曜）　晴　暖
朝伊沢氏、前田多門、森川永亮氏へ電話。

重光氏へ礼。石黒農商大臣へ祝。岩波氏へ名簿を届く。

田中辰之助を見舞ふ（卵を上げる）。

木村尚達氏を訪ふ。

次田氏、関男、阿部老来院。阿部、西条村は万一の場合大本営。次田氏、岩波と田中は入会決定。

十二日午后三時ルーズベルト死去。

加瀬へ電話。ルの死去と日本の態度。

議長へ電話。

一時より次田、川西、大池来訪、麻雀。（十）一七〇〇。

夜前田別邸へ加瀬に招かる。重光、松平康昌侯、松本忠雄、森下国雄等同席。

重光、鈴木は十分時局を認識せず、岡田は迫水を遠慮さすべきもの。

松、迫水、小川一太郎、鈴木一の会話の由。始め鈴木は迫を官長にする考なし。銀行局へ戻って仕事をしてくれと云ふ。迫、鈴木を動かし官長となる。

重光氏、鈴木内閣は重臣の予期せしものと異った形になりたり。

加、重光の重任に反対せしは小磯なり。小磯より鈴木に茶々を入れたり。

（受信）野山

四月十四日（土曜）　晴
朝稲田書記官へ電話。徳川議長へ電話。
昨夜十時四十五分空襲警報発令。二時二十五分解除。
被害　死者一二二　重傷九〇　軽傷一九
　全壊　四一　半壊一九　全焼一四四、三七一　半焼
八
罹災者　四八七、七八一
朝水尾、川部、伊沢を見舞ふ。伊沢氏全焼。藤田の処へ送って上げる。
小村侯来院。議長来院の由。午后福原氏来訪。交際費を渡す。
議長より電話。
（受信）山田勲

四月十五日（日曜）　晴　暖
朝岩波氏来訪。利男、松子へ電話す。

酒井伯を訪ひ三千円渡す。

田口氏を訪ひ、村瀬君に官長俸給のことを話すことを頼む。

岩波氏の祝宴に列す。伊沢、明石、郷古、次田、安倍、次田（ママ）、石黒農相、渋沢子、小泉信三氏等。

水尾を訪ふ。

一時間かかる。

十時半より空襲。電話局へ行く。

宮坂を寺光の処へ使にやる。

阿倍（ママ）総督より酒二升。

渋沢、岩波、ルーズベルトの死せしとき、ある署長が

祝杯を挙げたりと。困った奴なり。

四月十六日（月曜）　晴　暖

午前伊東子来院。小村侯〃。福原家令〃。関男〃。

一時より次田、大池、薬師寺氏来訪、麻雀。（十）六○○。

関男、陸軍も下の処では沖縄へ全力を注ぐと云ふ。海軍は始めより全力を注ぐと云ふ。

次、小磯は杉山が退くことをきき、現役に服[ママ]して陸相を兼ねむとの希望を述べしに、杉は帰って相談して返事すると云ふ。後返事あり、阿南を推すと答ふ。それを機会にやめたり。四日には行政協議会長の親任式あることになりおりしをやめたり（丸山、堀切、堀切は田口）。小磯は辞職の機会をねらひおり、兼任できればやってゆくし、出来ねば口実にやめるために現役復帰を申出したるものなりと云ふ。従って内閣更迭はほんの一寸とした機会に行はれしものなり。

薬、鈴木の処へ行きしに岡田あり、よせつけず。従って何等の発言をなし得ず。始め受けたものと考へおりたるが様なり。河井氏は報徳家として鈴はあまり買ひおらず。

四月十七日（火曜）　曇　暖

理髪。

正副議長、関、岡部子、大河内子、藤井刑事、木村、阿倍鶴、及川来院（及川君は株券持参）。

木、陸軍は阿南に内相を兼ねさせ阿部[ママ]を次官にする積りなりし処、鈴木が承知せざりしため、阿部[ママ]が大臣になった。陸軍三長官は鈴木を首相に推したりと云はる。尤も三長官中梅津を除く者は梅津を推したりと云ふ。東条は畑を推す。岡山出の古野は東条と特殊の関係ある為め、畑を後継首相と思ひ込みおりたり。

阿、依光好秋は岡田の為め、又斎藤正身は柴山とよく岡田ともよき為め、前二回岡田がはづれしは陸軍の反対によるとの噂高き故、かかることなかりしことを証明し且議長との関係をよくするためと称し内務大臣運動をする。田島少佐も尽力せり。内相はだめで厚相となる。

（予記）午后二時B29八十機九州地方の飛行場を爆撃す。

石黒農相へ手帳

（発信）松子　飯島直一

（受信）岩波君より写真　長谷川瀏　中村勝治　松平恒雄

四月十八日（水曜）　晴、風　暖

朝伊沢氏を訪ひ、宮中東御車寄へ送る（野山のこと）。

高橋読売副社長へ電話す（一時半自動車をたのむ）。

灘尾内務次官（佐藤のことを頼む）、内相、外相、村瀬、迫水へ祝に行く。入江地方局長に次官々邸にて面会す。大木を訪ふ。

午前岡崎情報局部長の日独処分案をきく（思想委員会）。

関男来院、坂警視総監は岡田大将に対し、迫水は赤なる故内閣書記官長にはいかぬと二時間に渡り議論せしも、岡田は自分の婿だから一番よく知っていると云ふ。

山根は渡辺修二と結び東久世に反対し出す。

大蔵は本日の懇話会にて四の理由をあげてこの内閣の短命なることを説く。小日山は鮎川の推せしもの。鮎川は山条の世話になりし人なる為め、中西を大切にす。

一時より関、大池、内田と麻雀。（一）二七〇〇。

岩村男より電話（岩倉男のパス）。

大木、陸軍の案は陸相の内相兼任なりしも、阿南は拒れり。更に組閣本部よりの意向として鈴木より話させしも阿は拒る。鈴木は政治を解せず、迫水又政治を知らず。

（受信）倉持幾三

四月十九日（木曜）　曇

八時五分東京発の徳川議長（寺光、皆川随行）を見送る。伊沢氏、岩波君も同車。

日通に久保田社長を訪ひしも未出勤。水池亮へ祝に行く。

勝俣より電話。

石橋、河井氏、西尾子、石井記者来訪。
八、日向直〔ママ〕登大臣来院。後藤文夫、河井氏来訪。
石、沖縄は二次でやるつもりの処今は三次でやっているが、尚ほ済みそうもなし。海軍はやるつもりなり。岡田は内相兼文相の予定なりき。平沼は始め組閣に干係なきが如き顔をして、枢相を獲得するや太田を文相にせり。迫水に対しては阿部〔ママ〕は別として内務官僚に反対色あり。迫は旧企画院の人を集め（即ち赤の連中）（小畑、秋永、アベ、等）老もう内閣をつくり、閣僚、内閣顧問、政務官等外形は飽迄旧態依然たるものとしおき、内部で勝手なことをすることを考ふ。殊に金融干係は自己の欲しいまゝにする。
（発信）稲畑氏へ電報。
　庸二（３８）
　野山義夫　父上　阿部総督へ礼状
（受信）稲畑勝太郎氏

四月二十日（金曜）　曇　寒
大河内子来室。鈴木重郎へ電話せしも不在。

次田氏来院。塩原へ電話。

午后一時より川西、坂、池田氏来訪、麻雀。（十）四四〇〇。

坂、岡田によばれ行き、何かに採用する考なりしならむも、山崎と共に迫水のよからぬことを説きしに岡田容れず。山崎は内務大臣にするつもりらしかった。

八時二十一分東京駅に議長を迎へしも、帰られず。

（受信）三郎、小沢みさ

四月二十一日（土曜）　晴　寒
風邪引籠り。東久世男へ、久保田男へ電話方頼む（岡氏の件）。
関屋氏より電話。内務省人事課長に話せしも上奏御裁可済の由。右関屋氏宅へ電話す。

一時頃松子へ電話。

河井氏へ電話（次田氏より依頼の岩波の件）。勝俣へ電話。

関男来訪。鰤を頂く。満洲より撤兵することになり、羅津より引上ぐとのこと（極秘）。蒋の使リンビンの言を小磯と谷が入れ、石渡と重光は之に反対。小磯は南京政権をやめることを企て、石渡等の反対のために内閣瓦解せりと云ふものあり。

田口氏来訪。「村瀬に話したり。」酒井伯へ電話。

三時半より大池、内田、関三氏と麻雀。（＋）一六〇〇。

八時二十一分議長を東京駅に迎ふ。議長邸へ電話す。

（予記）地方長官の移動発表。此のとき此の難局の愚挙だ。

（発信）高山へ電報。

（受信）松子より利男へ

四月二十二日（日曜）　晴

朝吉家より電話。

稲田、三橋、大塚惟精へ祝に行く。水谷川男を訪ひしも不在。吉家を訪ふ。

岩波武信曰く「昨年の今頃米の与論調をなせしに、日本を日清役以前の日本にすると云ふのみにて、皇室にふれし議論なし。然るに現在は皇室に関する議論多くなりたり。困りたることなり。少中佐級に個人の意見をきけば、勝つ自信なし、マツスとしては勝つと云ふ。困ったことなり。」

十時次田、坂、川西来訪、麻雀。（＋）五〇〇。

佐藤書記官、高村尚彦、挨拶に来る。

四月二十三日（月曜）　晴　暖

朝近藤来る。筍と若布をもらう。

石井記者より筍と芋をもらう。

山崎、安井、藤沼、後藤達也、林原諸氏を訪ふ。

山、鈴木さんに議会の尊重すへき所以をといた。迫水は議会を無視するつもりなり。

議長の使皆川来院。墨とチースを土産に貰ふ。

瀬古君来訪。

加瀬来院
下村宏の秘書官より電話（八条子内閣顧問の件）。

夕刻桑原鶴、佐藤兄弟を招く。

敵が無条件降伏と云ひこちらが玉砕と云っては、亡びる外なし。無条件と云ふに対し無条件と云へば有条件になり得る。

迫水は大東亜戦の火つけの一人なり。正しい人が出れば危い故無理なことを云て書記官長になった。

稲田、三橋挨拶に来る。

夜近藤来訪、科学がもの云ふ。ガダルカナルで勝ったのは冷蔵庫のためだと敵は云ふ。日本の主計も、冷蔵庫なきため二割しか兵に食べさせられなかったと云ふ。

（予記）大東亜政権会議を予算委員室にて開く。

（発信）中村勝治

四月二十四日（火曜）　晴

朝稲田滋賀県知事を東京駅に見送る（八時三十分）。

警戒警報、続て空襲警報発令。

空襲の為め省線電車とまる。中御門侯来院。

議長へ電話。木村進君来院。青木精一君の告別式に列す。

小日山運通大臣へ挨拶に行く。後又議長の名刺を持参す。

午后八田嘉明氏へ見舞に行く（文庫一を上げる）。

川部、水尾へ筍をやる。

後藤達也氏より電話。

伊沢多喜男氏より電話。五島慶太へ電話。

中、先日東久邇宮を訪ひ次の内閣を引受けることを奨める。助けてくれと云ふ。ある機会に平和工作をする外なし。

（発信）松子（移動申告）

四月二十五日（水曜）　晴　寒

朝鷹の台へクラブをとりに行く。秋葉原より平井迄一曠野。

田中辰之助夫人、水尾夫人、田島少佐、杉田正二郎君来訪。

正副議長来院。来客の為め行かず。長さんへ電話。

夜五時佐藤書記官の送別会。議長官舎。

田、大岡と松平親義を参与官、橋本伯を政務次官の候補とす。

陸軍が沖縄へ力を入れぬと云ふ噂の出しは、沖縄が台湾軍の隷下にあるため本土に非ず、従って本土に来れば水際……と云ふこと故沖縄はすてるのが誤伝されしため也。湊川、知念崎に上陸せし者は一昨日撃退す。

昨夜特攻隊が出しはず。

ロシヤの特別の動きなし。現内閣は少数内閣の構想なりしが破れたり。レーテの兵セブに引上げたり。大体うまく行きたり。

（受信）稲畑氏

四月二十六日（木曜）　晴

川西君へ電話。岡部史郎君に面ふ。庸二のことを頼む。

十時次田、薬師寺二氏来訪。

午后二時川部氏来訪。（一）一五〇〇。

六時笠原に招かれ蕎麦を馳走になる。

（受信）野村高左ヱ門

四月二十七日（金曜）　曇　夜雨

後藤達也氏へ電話。

朝高野夫人、水尾さん来訪（ペーヤの缶詰を戴く）。

斎藤樹を訪ふ。酒二本上げる。氷砂糖を貰ふ。

岩村一木男より、議員の電話の件を話さる。理髪。

大河内子来室。長野野村高左エ門へ電話す。

笠原賢造来訪。靴、煙草を上げる。長野家のことを頼む。

長谷川瀏、石井記者、岡部史郎、佐藤秀雄、近藤来訪。

斎、小川一平が大命降下の翌朝鈴木一を訪ひ迫水を官長にすることを説きしも、鈴木あまり積極的にならず。

丁度岡田敬介［ママ］が老鈴木を訪ひポツンと一人でおりし故、

之に説く。その結果実現す。平沼は電話にて鈴木首相に、迫水は赤なる故反対とて太田を官長に推す。法制局長官に推せしも拒る。進言する者あり、太田が迫の赤なることを宣伝することをやめれば文相にせむとす。太田に之を交渉せしに二つ返事にて引受く。阿部(ママ)は陸軍の一部と右傾団体によき故迫が推したり。

加瀬へ電話。沖縄悪し。今月中は現状維持、来月はだめ。

(予記)石井、下村を推せしは関屋貞三郎なり。関屋は鈴木首相とよし。

(予記)九州B29空襲。

四月二十八日(土曜)　晴　暖

朝五島慶太へ電話。伊沢多喜男氏へ電話(伊東)。

太田文相へ電話。藤野英陽より電話。

朝太田耕一郎、照屋、西田尚元、土岐子来訪。

西田君より飴を貰ふ。

浅野侯来院。

一時横山、次田、大村来訪、麻雀。(十)一九〇〇。

四時太田文相を文部省に訪ふ。佐佐木侯のことを頼む。次官に面会、同じく頼む。

五時半金芳楼(記者連)に招かる。

近藤、岡部入浴に来る(岡部君より筍を貰ふ)。

小野寺よりバターを貰ふ。

四月二十九日(日曜)　晴

朝勝俣君へ電話す。

九時議長より電話(参内のこと)。

九時半参内、御記帳。

田中辰之助、岩波茂雄(不在)を訪ふ。

午后あんま来る。

午后加瀬君より電話、ヒツトラー重傷、多分死にたるらしい。ヒントラー(ママ)無条件降伏を申出づ。

近衛公(不在、軽井沢へ使ありと云ふ)、徳川議長、中御門侯へ電話。朝日西島君へ電話す。ロイテルの転電なる由。日本では明日は発表せず。

赤沼帰京、卵を貰ふ。

四月三十日（月曜）　晴

午前立川方面空襲。
赤沼、家政女学院へ行ってみつ子のこと調べてくれる。
中御門侯、河井氏、次田氏来室。
一時半より本多熊太郎氏の話。
加瀬君来訪。松谷はよく判りおれり。
夜長野へ電話せしも不通。
利男、憲兵の横暴をたしなめし由。
石井記者より野菜を貰ふ。入内島より餅を貰ふ。
（予記）正にゆであづきを供へる。
（受信）松村義一（十九日）
　　薬師寺（二十五日）
　　宮下友雄（十三日）

五月一日（火曜）　曇

朝松子へ電話（保民風邪の由）。
竹内可吉君を誘ふ（在官中の礼）。
阿部鶴を訪ひ酒一升戦災見舞にやる。
田中運転手に百円（交）。
石井記者来訪。
阿部鶴来訪。
○時半小菅刑務所を訪ふ。小出親方に面会す。
四時半外相を訪ふ。
六時永井少将、［アキ］中佐、田島少佐を議長官舎へ招く。
八時半水池君を訪ひ藤野及若手書記官のことを頼む。
（予記）ヒットラー戦死。
　　ライニッツ統領となる。
（発信）小出一二三　宮下友雄
（受信）父上（二十五日）　吉野信次（二十七日）

五月二日（水曜）　雨

藤野君へ電話。
朝伊沢氏より電話。下田文一氏へ電話（伊東へ電話するやう）。

石橋君来訪（わさび漬を貰ふ）。木村来訪。筍とわかめを貰ふ。
次田氏より電話。
十一時半議長を赤十字に訪ふ（藤野のこと、外相と会見のこと）。
大村を訪ひしも不在。大河内子、佐佐木嘉太郎氏の使、
三宮憲兵准尉、小倉、鉄道業務局長来訪。
佐々木袈裟平、迫水内閣書記官長来訪（政務官の件）。
渋江人事課長より電話（総動員審議会委員の件）。
東久世男へ電話（奥田男司法参与官の件）。
（予記）外政　伊東子
　　陸参　大岡子
　　海参　柴田兵一郎
　　司参　奥田男
　　文政　舟橋子
　　　松平乗統子
（発信）三郎（父上の荷物の件）

五月三日（木曜）　曇
朝迫水へ電話（奥田男の件直接交渉方）。
酒井伯へ電話（藤野の件）。
岩田宙造氏へ祝に行く。吉野信次氏を訪ひしも不在。
関、次田氏来室。石井来訪。煙草を上げる。
一時より川西、次田、関麻雀。（一）（十）〇。
西田より電話。
夜加瀬へ電話（不在）。
（発信）松村義一

五月四日（金曜）　晴
加瀬君へ種子をやる。

下田文一、伊江男、河井氏、吉岡義三郎、下嶋、村田男、伊礼君、森君来室。迫水より酒一升。

四時より次田、川部、大池来訪、麻雀。（一）五〇〇。

土岐定応君来訪。

森より電話、本日の閣議にて政務官をやめ各省（陸海軍を除く）に行政委員を四、五名宛置くこととなる。

伊江男、沖縄には始め六師団おりしものを、一師宮古へ、一師比島へ送るため台湾へ（北飛行場守備のもの）引上げたり。天野辰夫の処へくる大阪の女易者、もっと悪くなるが最後は反撃で負けない、皇室は存続すと云ふ。それが四月中ルーズベルトが死ぬ、小磯内閣が仆れると云ふ。又西郷吉之助侯にあなたの家は明後日焼けると云ひしに、その通りになりたり。西郷が之を肯定せり。

河、二日の放送は鈴木を殺せと云ふが如きものなりしと云ふ。内田信也が海軍の政務官のとき、軍縮後の年度計画を盗み出しそれを議会できかせた。花井は貴族院できく。それを左近允〔ママ〕次官が鈴木にしらせた。加藤完治が上奏せむとせしを鈴木が阻止したと云ふ宣伝をした。

下、二日の放送は週報の臨時判に出しものは陸軍の種らしい。憲兵は組閣の当初より此の内閣は一ヶ月半か二ヶ月と云ひおりたり。内務人事は阿部〔ママ〕の案なり。迫水に責を帰せられ困っている。

伊沢氏より電話。

五月五日（土曜）　曇

次田氏来院。

十二時半より次田、大森、坂と麻雀。

五時より議長官舎に児玉、菊川、山内、友末を招待す。

児玉、此の戦は必づ勝つと思ふ。陸軍は国民をじゃまに考へるのはよくない。プラスに考へるとよい。内閣は軍事生産に干係なきものは疎開させようとするが、自分はなるべく落つかせ壕舎なども立てさせたいと考へる。百五十万にすることは不可能。三百五十万位になるだらう。

次田、岩波が同盟の古野にききしに、どうにも手のつけやうがない、ただ革命をまつのみだと云へり。最後の玉砕の前に打つことありやと云ふことを臨時議会を開きて政府にきくことが必要だ（死ぬ気で）。疑装〔ママ〕の革命は米がよく日本のことを調査しおる故だめ。場合によりては皇室をも排けねばならなくなるやもしれず、困ったことなり。戦後は必ず革命が起る。国家の俸給年金や才費はなきものと思はねばいかぬ。

（発信）井上匡四郎子（礼状）

（受信）長田隆一郎　石渡荘太郎　小沢妻　亀田政之助　藤野（電報）

五月六日（日曜）　曇　寒

朝大坪知事へ電話（不在）。

水尾より筍を貰ふ。

菱川（利男の友人）、関男、水池警保局長来訪。

夜大坪知事へ電話。不在。後刻大坪より電話。

（受信）野村高左エ門

五月七日（月曜）　晴

朝八時二十分発、多摩墓地へ詣ず。牡丹とライラックとチューリップを供ふ。警戒警報発令。

八条子へ内閣顧問就任祝に行く。安井誠一郎君を訪ふ（共に不在）。下条氏へ電話。岩波氏へ電話。渋江へ電話。斎藤樹へ電話。

菊永某、保科子、吉家敬造、秋田三一来院。塩原へ電話。

吉、犬養健の話によれば、鈴木は対米英戦の完遂を述べおるも、機会あらば媾和の手を打ち、殺されることを覚悟しおるものなりと云へり。

夜伊江男へ電話。

夜佐藤弟より電話。

（受信）岡喜七郎氏

五月八日（火曜）　曇

九時詔書奉読式。後藤文夫へ電話（総動員審議会の件）。

村瀬君へ電話（後藤を古田氏の後）。

東久世男へ電話（渡辺汀の後任安保男の件）。

渋江人事課長へ催促（伊沢氏の件）。

岩波より電話。

迫水より電話（外次伊東子、陸参大岡子、海参神山男、

文次橋本伯、司参奥田男）（松平乗統は八条の反対、舟橋は辞退）。伊江男へ電話（菊永の件）。

渋江へ電話（奥田氏大磯のことを迫水に伝言を頼む）。

公正会に久保田男を訪ひ、岡氏の荷物のことを頼む。

大木を訪ふ。一週間位前に三千五百沖縄に逆上陸せしことをきく。

正午空襲警報。P51百。B29十。

水尾を訪ふ。五時より桑原鶴の話をきく。

九時半長野へ電話せしに、十五分にて通ず。

十時半頃利男帰宅す。

（受信）小沢俊郎

野山義夫

五月九日（水曜）　曇　驟雨　寒

朝議長へ電話。三須男来訪（臨時議会の件）。

湯川農商次官へ祝に行く。川部、松本忠雄（不在）を問ふ。

十一時半議長官舎へ行く。正午定例世話人理事会。議長登院。

一時半より酒井中将の戦争指導の話。

伊沢氏より電話。

東久世男と話す（大東亜省に中御門男参与官ときまりしも左近允[ママ]氏の関連にてやめ）（総動員は安保男承知す）。

（発信）父上

小沢俊郎

岡喜七郎

五月十日（木曜）

昨夜頻りに庸二の夢を見る。

木村来訪、吉田、樺山を収容中。近く近衛、松平宮相、重光前外相、沢田次官（近くやめ松本前次官が次官になる）を調べることになるらしい。近く陸軍省令で民衆を府県又は協議会の地域外移動することを禁止する（今日発表の防衛召集の現地主義は、其の前提）、国民をしてその居る処で国土を死守させるためなり。

米の東亜に於ける飛行機は、八千台動く。欧州より六千機動くやうに（一万台）持ってくる。従って一日に一万四千機動くことになる。

関男、大井大将は沖縄で戦果をあげた後ソビエットにある利益を（樺太南部又は漁業権）提供して媾和の斡旋を頼むがよい。ソビエットは日本へ進寇し来らずと云ふ。栗原報導〔ママ〕部長は学習院の卒業者の会合で非常に楽観的の話をした。

東久世男、戦争をやめたい人は八分ならむ。

十一時半次田、松村、坂来訪、麻雀。（＋）三百。

東、左近允〔ママ〕君より話あり。海軍参与官の侯補名を神山、山根、中御門を出せしに、神山をとりたり。

（予記）関、東久世、水谷川、次田、松村来室。

（受信）亀田政之助
　吉野信次
　唐沢俊樹

五月十一日（金曜）　曇　寒

朝関男へ電話。

小野寺来訪。ホッケダラ五貫ふ。

水谷川男を訪ふ。後東京陸軍燃料部に遠山大佐を訪ふ。

後坂信弥を訪ひ次田、松村氏と麻雀。（＋）一七〇〇。

夕刻佐藤弟来訪。

夜関屋貞三郎氏へ電話。福原家令、後藤文夫、渡辺明より電話。

水、八日近が軽井沢より出て来て、木戸の宅が焼けたので見舞に行く。木戸としては珍しく飯を食って行けと云ふので、ゆっくりして来た。木戸が先般は（鈴木内閣の出来る前後）陛下は老人の方がおれよりも進んだ考を持って居ると仰せられたが、今では陛下の方が鈴木よりも進んだ考を持って居られる（戦争は勝てぬと云ふ御考）。之迄するには自分が非常に骨を折ったと云って居た。従って木戸は今はよい、と近は云って居た。

近、松平宮相をしばるなどと云ふことはおどかしと思ふ。

小磯内閣の末期重慶の密使翏〔繆〕斌（ミョウヒン）来り、小磯、緒方は谷と共に之に賛成、石渡と重光は反対。内閣倒壊の原因の一なり。陳公伯、周仏海は重慶とのの連絡の出来ることに反対。自分の方はもっと確実なものをつかみおれり。そのことに関する中山書記官の手紙（大東亜省支那課宛に来りしもの）、自分へ普通郵便にて出したるため行衛不明になり困りおれり（高橋貞次の不注意のため、姉が京都へ行くのに託すとて大東亜省より持ち帰り、忘れて郵便で出す）。

坂、今の陸軍は阿南が握って居る。杉山は決定がにぶき故困ると云ひおりたり。今は課長級以上は政治より手を引き、和戦共に大臣の決定する所に従ふと云ふ。阿部〔ママ〕は木戸の推薦せしもの。岡田敬介〔ママ〕は悪い奴なり。ごま化しなり。平沼もずるき男なり。太田の入閣を政府より平沼に電話にて依頼せしに、太田へ直接交渉してくれと云ふ。重臣会議のときでも、人の云ふことをききおり容易に自己の意見をはかず。重臣の中で真面目なるは近衛位なるべし。首相の落第者が重臣とは変なり。

松村、先々月の末小磯内閣の末期に岡田にあひしに（大倉〔ママ〕が宇垣内閣を岡田にときしもきかざりし故、君より話してくれとの依頼ありしにより面会す）、重臣は満身創〔ィ〕なり、僅かに傷のなきは若槻氏位なりと云へり。

関男より糸切団子を戴く。

（受信）みつ子（九日）

田村幸策

中山蕃

五月十二日（土曜）　曇　雨

理髪。熊谷北海道長官、飯沼一省、佐藤情報局芸文課長、下村総裁（不在）を訪ふ。

後藤文夫氏へ電話（木下信君罹災の件）。

飯沢へ電話。不在。

吉田文外、青谷某来訪。保科子へ電話せしも不通。

塩原君へ電話。

食堂岡峯へ五月四日迄の分を支払ふ。

まつ子、庸二、保民の保険料（第一相互）合計四百四十七円六十五銭振替にて払込む（赤沼）。

高辻書記官へ電話せしも不在。

五月十三日（日曜）　晴

朝田島貞雄、石渡荘太郎、塩原時三郎（不在）、青木一男諸氏を訪ふ。石に議員マークと手帳を上げる。

水尾さんへ行き按摩を頼む。

石、「勝ちて媾和の申込をする外なし。しかし勝つ機会ありや否や心配なり。岡田厚相にあひしに、何かしようとすると、皆ひし〳〵と迫りおりて何も出来ぬ、とこぼしおりたり。」

五月十四日（月曜）　曇

後藤文夫より電話。佐々木侯を訪ふ（不在）。

次氏を訪ふ。河井氏来り同席。関男来訪。

次田氏来院。山崎巌君来訪（不在）。

正午三信ビル東洋軒（八階）。十三会。会する者二十。

〇時半より次田、坂、川西来訪、麻雀。（十）七二四〇。

井上子爵来訪。

五月十五日（火曜）　曇　夜雨　寒

吉家へ電話。

高辻書記官へ電話。野上八郎家賃持参。一時半あんま来る。

正副議長来院。朴重陽挨拶に来る。後藤文夫君来院。

高宮太平、大坪知事、関男来訪。

四時より関、大池、内田来訪、麻雀（食事）。

夜近藤等風呂に来る。

山崎巌君へ電話。

（発信）佐藤秀雄

五月十六日（水曜）　曇　後晴　寒

松村光磨へ電話。

朝伊沢氏より電話。武井健作君来訪。

重光氏を訪ひ鰤を上げる。後伊沢氏及大坪知事を帝国ホテルに訪ふ。木村進来訪。飯沢君来訪、卵を貰ふ。正午次田、小西、後大村来訪、麻雀。（十）一三〇〇。高辻夫人及令息来訪。

長野県運転手［アキ］に釜一つ、パン、鰤を託す。

重、日本に対する中共の新聞は元来皇室に対し不遜の言動ありしも、最近に至り重慶にて発行する［アキ］紙に戦争犯罪者処罰に関し、ヒットラーとムッソリーニを葬った、残る一人ヒロヒトを吊して南京の町へさらして報復をすべきだと云っている。一日おくるれば一日危し。近く非常なことがおこる。尊王攘夷が開国に変りしと同義な変化が起るべし。議長としては死ぬ決心をして居て何かの機会に□［ヨゴレ］べるなどワキの役を力めればよし、しかしツーレートの感あり。

夜青木君来訪、九日（水曜日）常務と協議員の会合の際、二荒伯は、此処だけに願ひたいが、英米のデモクラシーになるかソのコムミュニズムになるか問題だ、デモクラシーになるよりもコンミュニズムになる方がよいと思ふ、と云ふ。青木君はそんな思想の問題で戦争の終局はつかぬ、思想の何れかに従ふことにより戦争は有利にならぬ、デモクラシーになっても英米は日本を助けぬ、コンミュニズムになってもロシアは日本を助けぬ。徒に国内の思想の分裂を将［ママ］来するのみである、そんなことを云っている時でないと云ひしに、他の貴族も自分の意見に同意した。二荒は、そんなに時局が逼迫しているかね、と云ひおりたり。馬鹿にも程がある。

自分は小磯内閣の末期に研究会の勅選の会で、統卒［ママ］権と政治と一体となるべきだ、と説いた。スターリンでもルーズベルトでもチャーチルでも、統卒［ママ］権を別にしておらぬと云ってやった。共鳴者多し。今三十一条が問題になっている。又軍制（全国的戒厳）を布くべしとの議論もある。九州にだけ総督制を布くべしとの議論もある。内務省は反対の由。議会としては全権委託法を可決するを可とす。軍人は独乙の前例などにより、戦争犯罪者として処罰されることを恐れやぶれかぶれになり、全国民を最後まで戦争においやるおそれあり。内閣は変ったが統卒[ママ]部で責任をおひし者なきは困る。戦争は総て慮から見て出来なかった。遼頁還付の例もあると云って反対したがだめだった（企画院に関係せし故物動の内容を知れり）。外務（東郷）、大蔵（賀や）等はもっと開戦に反対すべきであった。陛下は平和の愛好者でいらっしゃる。その御意見と反対の方向へ動いたのだから恐懼にたへぬ。木戸などはだめ。嘗て保科秘書官をして、内大臣たるものは視野を大きくせねばならぬから、特定の情報係りの話などばかりきかず広く人の意見をきかねばならぬと云ひやりたり。保科は直ぐ木戸に伝へたり。保科は父よりよぼ[ママ]と偉し。大臣をやめてから木戸にあひしことなし。戦争を今やめるともっと戦ってやめると、もっと戦ってやめる方がよいと云ふ点は一つもなし。民族を生かし百年二百年後を考へるを可とす。謬斌は無権代理者なり。そんな者に小磯、緒方はおどらされたり。重慶と握手の道なし。今のままなら重慶は四大国になれる。戦果が挙らざれば致方なし。沖縄の特攻隊は対空砲火のためうち落とされ、多数機ではゆけなくなった。

（受信）稲畑
　　岡部史郎

五月十七日（木曜）

伊沢氏へ電話。大岡参与官来室。

江□[ヨゴレ]氏来院。西村馬政局長官へ電話（李の件）。

副議長来院。今度の政務官の人選は自分等に相談なし。八条子には迫水より紙へペン書して、之等の人々に交渉を頼むと云ふ依頼ありしのみなり（秘書官をして）。

岩波より電話。

午后枢密院に堀井氏、高辻書記官を訪問す。

伊沢氏の意向が住所の移転なるや旅行なるや真意が不明なりしため、手続を進むるを得ざりき。御話により住所の移転なること明となりたり。戦災によることにて先例なき故、上奏するには内閣と又正副議長の意見もきく必要あるにつき、暫く時間がかゝるとのことなりし故、可成早く願ひたしと頼む。

先般の爆撃にて枢密院の入口の矢倉焼失す。

後唐木田を訪ひしも不在。後故松平議長の墓に詣ず。

（受信）渡辺覚造

五月十八日（金曜）　晴　寒

加瀬君来訪、首相秘書官を拒ること。沖縄は二、三日中にだめ。上層部は媾和に向ひ進みつゝあり、首相、外相、陸海軍大臣、参謀総長、軍令部総長は知る。次官、軍務局長、軍務課長は知らざることになりおれり。しかし永井は種々の関係より之を知れり。国内殊に陸海軍をまとめるに二ヶ月位かかる。故に八月位迄かかる。数日中に豊田が軍令部総長をも兼ねる。海軍をまとめるため也。近く内閣改造もあるやも知れず。

三菱銀行渡辺信より電話。

河井氏より電話（堀江書記官長と話せし件を伝ふ。伊沢氏にはプロセスは話さざるを可とすとの意見）。

西尾子来室。

橋本伯、文部政務次官就任挨拶に来る。

羽田参与官へ祝の電話をかける。

塩原へ祝の電話をかける（逓信院総裁）。

五時三井のクラブへ高公氏に招かる。中御門侯、住井氏同席。

帰途中御門侯を訪ふ。

（発信）稲畑勝太郎
　　　渡辺覚造
（受信）水谷川男

五月十九日（土曜）　曇　寒

高野吉太郎氏夫妻来訪。

唐沢俊樹を訪ひしも不在。帰途代官山駅にて空襲警報発令の為めおろさる。議長を訪ひ沖縄戦局の不況及最高部の態度を御話しす。

前田嘱託、近藤、寺光、高野夫人来訪。

三時半関、内田、大池来訪、麻雀。関一等、小林二等。

近藤、長谷川、赤沼等風呂に来る。
（発信）三井高公男（礼状）
（受信）父上
岡部史郎
原光雄

五月二十日（日曜）　雨　寒

朝唐沢、松村光磨、関男、岡部子（何れも不在）を訪ふ。
午后次田、川西、大池来訪、麻雀。（二）三七〇〇。
高野吉太郎来訪。
（発信）父上
岡部史郎

五月二十一日（月曜）　曇　寒

塩原君挨拶に来る。笠原賢造へ電話。

朝閑院宮邸へ御弔詞記帳に行く。今井五介翁に面会。

中御門侯へ電話（水谷川男の証人の件）。

二時福田大佐を軍需省に訪ふ（安岡君の娘の件）。

笠原賢造へ電話（小坂と塩原の祝賀を相談すること）。

飯塚弁護士より電話（高野の別荘の件）。

林事務官へ電話。

高野へ電話。

田島少佐来訪。木戸更迭説あり。此の内閣は最終内閣とはならざるべし。

佐藤弟来訪。

高辻書記官より電話。「戦災により住所を失ひたるにつき、当分の間長野県下に滞在することを勅許を得ることにする。之は伊沢氏と打合せ済み。書類は明後日御上京の際御印を貰ふ予定なり。当分の間故東京住所はいらず。」

次田、大村、川西来訪、麻雀。（二）一七〇〇。

（予記）正午頃Ｂ29ビラをまく。

（発信）保民
水谷川男
伊沢氏

（受信）佐藤秀雄

五月二十二日（火曜）　雨　寒

朝唐沢を訪ふ。水尾夫妻来訪、花を頂く。

丸山長夫、石橋、亀田来訪。笠原より電話。

鈴木秘書官より電話。正副議長へ電話。

五月二十三日（水曜）　雨　後晴

後藤文夫、河井氏（不在）へ、伊沢氏住所の件を電話す。

徳川公より電話（六日の招待会見合せの件）。右鈴木武秘書官へ電話す。

東久世、裏松、浅野、次田、山田、水野、田所へ電話（招待会のこと）。

前田君、独乙商務官の返事をもたらす。「ヤーガーに弁護等たのまずに明けるやう申しやる。猶太人に非ず。近日中商人は一ヶ所へ集めることになりおる旨内報を得居る故、御心配に及ばず」と云へりと。

正午渡辺神奈川警察部長を内相官邸に訪ふ。

一時半原某氏の話。

伊沢氏来院。

岩波茂雄氏へ電話。

柴山次官、塩原、西村馬政局長官へ電話。

夜近藤へ電話（議員代表者参列の場合の件）。

夜九時徳川公より電話（日華学会の件）。

（受信）岡喜七郎氏

五月二十四日（木曜）　晴

一時三十分頃より二時間半に亘り二百五十機帝都に侵入。

最後の一降の焼夷弾落下、邸内に三十九発（内不発十二）。二階十畳に四発落下、二箇所炎上。勇さんに消し止む。利男部屋に外部より一つ飛込、天上〔ママ〕の空気抜をやくに至りしも、利男スリッパと水にて消しとむ。カーテンの焼けしものをちぎり、印刷物のやけしをほーり出し消し止む。我子乍ら天晴なり。勇さんの部屋に一発入りしも、庸二の机を破壊、外に飛び出す。下離れの廊下に一発落下、縁側をやきしを三瓶消しとむ。かくて遂に勝つ。然るに大木君の宅はやける（壕に入りおりし由）。自分は畑中、前田を督し消防に従事す（屋上等）。風なきため助かりしもの。瀬古君、木村進、各課長、酒井伯、加藤子、岡田厚相等見舞に来らる。

小村侯より電話。

五月二十五日（金曜）　晴　暖

五時長野行。十一時四十八分長野着。三等客が二等客車を通りながら、之は二等だと云って通りすぐ。人心幾分落着きしためか。

午后二時半迎により知事を訪ひ、副隊長に話をす。

藤野へ電話せしも松本に行き不在。小坂を訪ひしも不在。

小坂より電話。夕刻風間来訪。

夜石井、小出来訪。

五月二十六日（土曜）　暖

朝伊藤一雄君来訪。百円渡す。

十時小坂より電話。東京空襲。

十二時石井より電話。議事堂やくとのこと。

一時十三分（十五分おくれる）発の汽車にて帰京。九時上野着。京橋迄地下鉄。スートケースを背負ひて徒歩議事堂に至る。利男、勇あり。利男一人にて敢闘せしも、大木君のやけ残りの積みありし処より火を引き、応接間東南隅よりやけたり。残念なり。

宮坂君よりするめ、あられ。

（予記）昨二十五日二十二時三十分頃より二時間半に渡り焼夷弾を投下、宮城内表宮殿、大宮御所炎上。

五月二十七日（日曜）　晴　暖

朝小山邦太郎、大岡子来訪。桑原来訪。

後宮中へ御見舞御記帳に行く。後徳川公、酒井伯、水尾、川部、次田諸氏を見舞ふ。

勇さん今夜より会社の寄宿舎へ泊る。

水池を煩はし長野宅へ電話（荷物の荷作りをしておけ）。

五月二十八日（月曜）　晴　暖

田口氏、山川、船橋子、加瀬氏、［アキ］子、木村、阿部老、関、徳川公、後藤文夫、亀山君、笠原賢造、前島君、浅野侯の使桑原来訪。

吉家を二度訪ふ。

夜利男吉家宅へ移る。

寺光君よりするめ、石鹸、前島君よりバタ、小野寺君より海苔。

塩原君へ電話。

木村、敵は二十五日夜より四千屯の焼夷弾投すと放送す（一機十屯宛）。

五月二十九日（火曜）

内田君を近衛公へ使はす。

午前大空襲（横浜方面）。郵便局に避難す。理髪。大木に会ふ。

正午笠原宅にて塩原、小林、西村の祝賀会。馳走。次田氏来院。

大木へ電話せしも不在。大池へ電話（次田氏より臨時議会に関し質問ありし故）。

先日（二十五日）閑院宮へ贈呈の弔詞につき交渉会を開きし時、臨時議会を開くべしとの意見ありしも、こんなきっかけで開いた交渉会で臨時議会のことを論ずるは不可なる故、二十九日午前十一時より交渉会を開くことにきめおりたり。本日集りたる結果、その後二回の大空襲もありたること故、交渉会の決議として政府に迫るは不穏当なるに付、副議長より首相に会ひ一応政府の意向をききたる上、更に各派で考へることとしたしと云ふことにて、只今（午后四時）副議長は首相と面会中との返事あり。

夕刻加瀬来院、共に加瀬宅に至る。松平秘書官長と会食。

五月三十日（水曜）　暖

三瓶を唐沢へ使にやる。

岡部、渡辺伯、裏松、東久世、関、平塚、瀬古、村田男。

午后焼跡を掘る。

浅野侯、徳川議長焼跡へ来らる。

（発信）庸二

　　父上

五月三十一日（木曜）　晴

徒歩登院。五十分位かゝる。十一時より義勇隊結成式。後高橋先生の廟堂忠告の講義をきく。

小村侯、堀切善次郎氏、斎藤樹の使、佐藤基、村瀬君、伊江男、内田重成氏、浅野豊、石井記者、阿部老人来院。小出一二三君来院。

帰途加瀬君を訪ひ東郷外相の手帳を上げる。

衆議院に大木を訪ひしも不在。大池に面会す。

「副議長は首相と面会後直に帰郷せられしため、自分はその後のことをききおらず。官長にききたる上返事すべし。」

石井、真に国家の前途を憂ふるために議会を開くに非ず（幹部級）、ただ臨時議会を開きゆさぶれば内閣が倒れて自分等が大臣になれる位の考しかなきが如し。

六月一日（金曜）　曇　小雨

午前安岡君来院。瀬古君来訪。尾沢修治君来訪。

午后唐沢夫人、関男、井田男、西尾子来院。

木村進君を訪ふ。

夕刻松平秘書官長を訪ふ。ソ連はきかぬだらうがやって見ることは必要。陛下が外交上の手をうって見る、だめなときは一億総玉砕してくれと仰せらるゝがよいと思ふ。しかし書生論として取り上げられず。しかし次第にその方には進む。結果は軍の考と一致することになるが、一億国民が一致して居ることを示すは必要なり。

軍隊の士気衰へおるにあり、媾和をしても軍政が暴動を起すことなし。少しはゼスチュワでやるかもしれぬ。統帥部は口では勝つと云ふは当然。大衆も勝つつもりにしておかねばならぬ。軍隊の士気の衰へおる証拠は、兵営を焼きしこと並に他の消火に力めざることにより て証明せらる。国民は平和に賛成。暴動など思ひもよらず。軍が一億一緒に死んでくれと云ふは不可。己等は死ぬからあとを頼む、と云ふがよい。

（予記）大阪空襲

六月二日（土曜）雨

八時近藤君来訪。徳川公、酒井公（不在）を訪ふ。大木を訪ふ。

大木、副議長が首相に面会せしに、開くとも開かぬともきめておらぬとのことなりき。副議長は旅行に出、昨日帰り、五時半再び首相と会見せり。本日午前十一時より交渉会を開く。

三十一日夜迫水、大木を訪ひ、三十一条だけではだめなので個条をぬき出して全権委任をして貰ふ、法律及兵役法の改正を出すことにするより外（緊急勅令では枢密院の諮詢がうるさく、又条件付で兵役に服せしむるは面白からず）なしと話しおりたり。まだ開くとはきまらざりき。昨夜に至り臨時閣議にて開くことに定りたりと云ふ。

下嶋、一昨夜までは開かぬ方向に向ひおりたり。下村の外は閣僚反対。然るに昨夜の臨時閣議にて開くことになる。

東久世、山根、水谷川、関、井田、渡辺伯、迫水の使来る。

（予記）昨夜十二時十五分前、田舎の家、利男が帰って来たなあと云っていると、庸二も出て来てにこ〳〵している。顔はやせたが背は非常に高くなり、茶色のセーターを着ている。一寸帰って来ましたと云ふ。

六月三日（日曜）晴

十二時半迫水来訪、三十一日迄は首相は臨時議会を開く意なし。然るに一日の閣議にて開いてもよさそうな顔付をした。閣議終了後閣僚懇談会にて皆の閣僚主張せしにより急に開くこととなり、引続き閣議を開き召集を奏請することとせり。四時半電話せしは懇談会にてきまりそうになりし際なり。特別義勇兵役法（緊勅にてすれば条件付にて兵役義務を負はすことになり面白からず）、受任法（行政面のもの、組織面のものは除く）、裁判所構成法戦時特例（受任法に入れ得ざるは枢府の御諮詢を要するにより分けたり。裁判をどこでも又自由に裁判所を移し得ることを規定するもの）を出したし。貴院との干係は下村、左近允［ママ］が当ることになりおるも、唐突の際故功くゆかなくて悪かった。議長にあやまりに行く。

後大木を訪ひ日取を相談す。八日召集、九、十両日。宿舎の件、通信の件等を相談す。

二時議長を訪ひ、迫水のことを報告す。あやまりに来るにおよばず（不在故）。

帰途首相官邸に迫水を訪ひしも不在。後電話にて話す。

帰途東久世男を訪ふ。渡辺覚造氏より餅を貰ふ。

朝加瀬来訪。

東久世男を訪ひしも不在。

岡部子を訪ふ。

塩原を訪ひしも不在。

裏松子、橋本伯来訪。

赤沼帰京す。卵を貰ふ。

関男来訪。如何なる場合も陛下は宮城を去られず、との話。

（予記）朝地震。

六月四日（月曜）晴

王子製紙の自動車にて登院。

午后正副議長、沢田牛麿氏、高木子、中御門侯、青木君、次田君、芳沢、出光、河井氏、後藤文夫来室。木村、警察二名〃。

二時各派交渉会。極めてスムーズに行く。臨時議会召集顛末、議事順序等につき説明す。二時四十五分散会。中、「極秘裏に陛下が日光辺へ逃げらるとよい、表面は宮城に居らるゝことにして。」

田中武雄君より電話。

（予記）宮相責任を負ひ辞職。

　石渡後任

（発信）谷本長野県第二経済部長（祝）

（受信）唐木田

　太田晃

六月五日（火曜）

中御門侯、古島一雄氏。

木村尚達、児玉秀雄、肝付、保科子、大河内子来室。

大理石像を地下室へ入れる（九番）。

伍堂卓雄氏来院。

前島君、第一四半期の鉄は二十五万屯。第二四分期二十万屯（何れも百万屯目標）。激減の徴歴然たり。

（受信）高山侃一

　稲畑氏

　山科征四郎

六月六日（火曜）　曇

武井君来訪、単衣を貰ふ。

七時五十分発登院、八時二十分着。信濃町より四谷見付迄省線、それより三宅坂迄電車。

岩村男、裏松子、古島、沢田、正副議長、大河内子、伊東子、田中武雄、次田氏、小山邦太郎氏、田島少佐来院。

正午首相官邸に首相に招かる。議長の答辞に□□□のことを入れる。評判よし。後交渉会を開き、開院式時刻の九時になりしことを知らせる。仮議長をおくことを知らせる。

鈴木一秘書官より電話。十時次田氏、十時十分大河内子、首相と面会。

（受信）曾我子

　近藤ひで子

　　栗岩英治

六月七日（水曜）　曇

朝加瀬を訪ふ。十時半次田、大河内子来院。

次田氏、首相に戦争の見透し如何と云ひしに、米を攻めて勝つことは不可能なるも、戦意を失はせることは確信がある、統卒（ママ）部と連絡を保ちよく戦争のなり行きを見ている、沖縄に於ては此方の戦死者よりも多数の敵を殺した（その地をとられ尚そのために本土が爆撃により被る損害を見ず）、米でもそろ〳〵悲鳴をあげ出しているとのことにて。第二段をきく必要なかりし故その儘帰りたり。

大河内子、戦争の見通し如何。英米にあるかロシヤにあるか政治の中心は何れにありや。第一点、次田氏に対する答に同じ。第二、英米は敵なり、ソビエットは中立なる故、ソに対して外交をやる外なし。第三点、軍も悲鳴をあげ政府は中心にある、議会と協力してやる。

次田氏、星野君来院。小山邦氏来院、ジャムを貰ふ。

橋本辰二郎氏来室。

（発信）石井　藤野　近藤ひで子　山科　栗岩

（受信）石井広吉

　　藤野英陽

六月八日（金曜）　夕刻大雨

朝地震あり。

朝加瀬君を誘ふ。本日御前会議。十時召集。

成立後交渉会を開き、皇居炎上御見舞を院議を以て申上ぐる件を諮り、尚感謝決議文（未完稿）を読む。

正午石渡宮相挨拶に来る。「此の戦は勝てぬ。」

福田大佐転任挨拶に来る。小村侯来室。

五時、次田、古島、沢田、岩村、浅野、溝口伯をホテルに招く。

院内に泊す。

（発信）稲畑氏

　　太田晃

（受信）鈴木雅次
　　桂太

六月九日（土曜）　晴　暖

九時開院式。朝五時半Ｂ29百五十母島を北上、八時半乃至九時半本土□□の見込。更に八丈島西百キロの処に二目標（機数不明）ありとの報あり。打死を覚悟す。可成君側にて死にたし。内閣佐藤に電話、行幸の有無を至急知らせと頼む。行幸ある場合は如何なる非難あるも、議員を待避せしめざる考なり。角倉君来る。行幸を望む旨話す。万一のことあらば軍部も覚醒すべし。かくて余力ある中に日本を救ひ得可し。陛下はすぐ還幸ある迄も行幸ある御決心の如し。有難き極みなり。無事終了。東久邇宮のみ。顧問官は四人。

敵機は坂神に行く。斎藤樹より電話。今日は来るなと云ってやる。開院式後交渉会。部長も合同、奉答書案を議す。感謝決議案は昨日朗読の通りと報告す。

十時半本会議。総理の演説常識的なり。久振りにて気狂の世界より脱出せし感あり。陛下の平和愛好者に亘らせらることを述べし際、しーんとして拍手するものなし。之臣民の道か。しかし□□の場合に拍手する方対外的ゼスチュワとしてよからむと考へ、溝口伯其他小委員に話さしむ。総理の終りに拍手起る。阿南に至っては相不変気狂調子、それに対しても拍手起る。已むるかな議員の心なきこと。首相の演説の価値ゼロとなる。

青木君、次田氏、松村氏、木村君、山崎君、木村尚達氏、岡氏、秋田三一君、塩原君、大河内子。

青木君よりシャツ其の他貰ふ。岡氏よりアラスカと云ふ豆を貰ふ。

正午議長と鈴木首相を訪ひ、佐佐木侯叙勲のことを頼む。

午后二時頃迫水君へ電話にて、明晩は八時迄は議事をするから、それ迄に間に合ふ様法案を送ってくる様衆議院を督励することを希望す。

五時溝口、次田、沢田、古島、岩村男にホテルへ招かる。

吉家へ帰り風呂へ入る。院内に泊る。

(予記)大河内子、外相とあふ。
一、外交陣を強化せよ。
二、英米によるか、ソ聯によるか。
三、速にせよ。
一、三賛成。英米とソ聯と分つことを得ず。ソにより英米と話をすすめおれり。之は絶対秘密。
(発信)金田明(祝)
(受信)金田明
橋本辰二郎氏
野山義夫
稲畑氏

六月十日(日曜) 曇
朝空襲警報発令につき、古島、沢田、岩村男を電話局へ案内す。首相以下閣僚も来る。酒井伯、今井五介氏も来る。宮内省鈴木君(近藤も少し)と連絡し、議長の参内は間にあふ様に(十時拝謁、九時四十分参内)、警報が解除にならなければ、時間は改めて知らせて貰ふことになり、議長と連絡す。議長喜ばる。十時十分頃電話にて十時半に拝謁のことになる。電話局よりの帰途〔アキ〕憲兵にあふ。

加瀬、御前会議。本土決戦態制〔ママ〕を強化すること、対ソ対支外交を大にやること。之に対し平沼は、近頃媾和を考へ居るものある由なるも、斯の如きものは場合によりては兵力を以て強圧すべきものなりと云へりと云ふ。議会の始まる前に米内は、和戦をきめてからでなければ開けぬと云ふ。阿南と鈴木は本土作戦の遂行と云ふ立前〔ママ〕でゆけばよい、と云ったとのこと。

今井五介氏来室。北星は一時閉鎖の由。

田島少佐、大岡子、小山邦太郎、阿部老人等、多少おそくなっても義勇兵役法を通してくれと云ふ。政府より要求せよと云ふ(陸相関係で発議し内閣より要求し来る)。通してやる。

会期延長(下村氏より秘書官を通じ議長へ知らせ来

る)。
院内に泊す。
(予記) B29三百午前六時五十六分より九時四十分迄
　関東地区へ来襲。

六月十一日(月曜)
伊藤一雄、丸山長夫見舞に来る。
十一時三十五分閣議。選挙法改正案を上程。
夜〔アキ〕時内閣会期延長を報告して散会。
迫水来室。六十点位と思ひ居りしも、五十点を割った。
第一は金光と岡田と喧嘩したことが凡て邪魔になった。
貴族院義員〔ママ〕があまり働かなかった。
柴山陸軍次官を訪ひ徳川伯のことを頼む。
院内に泊す。

六月十二日(火曜)　曇
九時開議。

十時措置法の委員会始まる。岡田厚相来室、三四時迄にすむかと云ふ。正午頃にならねば不明なるも衆議院程はかかりますまいと云ふ。深刺〔ママ〕なる皮肉を云ひますねと云ふ。何れ連絡をとりませうと分れる。

後五時頃連絡す。研は公がきかざれば定足数をかくと云ふ。

七時五分委員会上る。本会議終了後今一度交渉員、連絡員の聯合会を開き公正会に交渉することになりおるも、ラジオで交渉会を召集する前に公正に話す方可なることを、溝口伯に話す。伯、公正へ行く。行き違ひに東久世、飯田二男来室。政府が三十一条を将来発動すると言明すれば建議案を撤回すると云ふ。迫水に交渉。研究がまた反対すると困るから、案文を造ってくれと云ふ。溝口、青木、東久世、迫水を集め案文を練り、迫水もち帰る。電話にて、只発言するのは困るから発言のきっかけを作ってくれと云ふ。委員長(後より来室)報告のとき委員長より云ふことになり、大団円。公正会の総会に対する報告が相当長びく。催促に行く。筋書通り運ぶ。松坂〔ママ〕法相言明す。撤回には穂積男だけ起立せず。始め委員会で東郷男より言明の話出で、委員課長に言明させることを許せと云ひしも、討論に入りし故判例なき故困ると云ふ。青木にききしに、討論に入りし故困ると云ふ。本会議に持ち越すことを決心す。とき至れば通ずべしと考ふ。案の如く東久世男より話出づ。交渉会を開くための休憩の動議を議長に出して貰ふことにす（責任をとって貰ふこと）。議長快諾。然るに佐佐木侯は反対。そこで溝口伯に話せしに、自分の方はどうでもよいが火曜は議長の発議がよいと云ふとのこと。浅野侯にききしに、一寸まってくれと云ふ。佐々木侯と相談の上、溝口伯と折衝し議員より動議を出すことにきまる。責任を回避しなければこう云ふ結果になる。軍人政治家に、責任をとる範を示すためなり。

水谷川男来室、聖上が変ってこられた。即ち、軍を押へる考になられた。

院内に泊す。

（受信）熊谷年利

佐藤秀雄

六月十三日（水曜）　曇

九時二十分議長登院。

十時閉院式。引続き首相官邸にて茶会。首相参内遅刻につき、米内海相より挨拶。徳川議長答礼。

迫水の使より千円。近藤へ渡し一同に分与す。

関男、竹下君、小原氏来訪。大野、川西君、木村（酒二本やる）来室。

一時半より世話人理事会。林伯プレサイドす。副議長も出席。

公正の岩村、渡辺修等、今日の議長の宣告はひどい、しかられた様な気がすると云ふ。小幡〔ママ〕男は済まなかったと云はる。大野君は議長の権威のためよかったと云ふ。

酒井、土岐を陸政次にしたのは自分なり。嘗て荒木陸相より南洲庵に招かれしとき、一寸と顔をかしてくれとの話にて、すまないが政次になってくれとのこと。

困る、土岐は参与官をやっているから昇格させたら如何、と云ふ。それで研究会はよいですかと云ふ。よいでせうと答ふ。丁度岡部にあいしにより話せしに、よからうと云ふ。

大野、学術研究会（副会長穂積）の人文科学研究部にて三十一条の研究をして（委員長山田博士）首相に進言す。議会が開かれぬなら三十一条を実施せよと云ふことなり。措置法案に反対すべき理由なし。それに反対するは根強いバックあり。そうでなければこれ程執拗に出る筈なし。松本烝治氏は、もし建議案が上程せらるれば病気を推［ママ］して出席、反対論をすると云って居られた。提出者は不知なるやも知れざれど、後に□計画者あるものなるべし。

古井喜実君挨拶に来る。

木村進へ酒二本やる。

（受信）福田八郎（二通）

六月十四日（木曜）　曇　雨

九時半登院。三瓶を水尾へ使にやる。

十時より航空器政産対策委員会。豊田軍需大臣、遠藤長官、亀山勤労局長等出席。

次田、松村、吉家、薬師寺、関、議長、石井記者、安岡、平塚氏来室。

安岡、畑内閣説あり（少佐、大尉位の辺）。

石井、少壮は畑や阿南を押［ママ］しおらず。

議長より見舞五百円。石井記者へ百円やる。

大村へ社の電話をかける（戦災見舞に対する礼）。

（発信）父上　松子（速達）

（受信）篠原栄一

田中七郎

照屋建広（六、一一）

六月十五日（金曜）　曇

朝亀田を訪ひしも不在。木村進を訪ふ。徳川議長へ礼に行く。福原家令に面会す。登院。理髪。

阿部老、松村義一氏、福原家令来訪。平塚広義氏（委員人選の件)。

福原氏より議長よりの慰労として書記官長以下千二百円、属官へ千三百円届け来る。書記官長の分を五十円減じ、書記官へに従来通り百円宛、事務官、理事官、守衛長、速記生三十円宛、属の事務官二十円宛やる。

上月記者来訪。近衛君へグルーより上海の某外人を経て手紙来りし由。英にては、日本はソを介し無条件降伏を申出でたりと宣伝せり。英は相当つかれおれり。岡田老は独乙の真相を軍人の主戦論者に知らす必要ありと云へり。ヒットラーが一年早く媾和せばと云ふ各社の伯林電報は軍部を怒らせたり。記事の取扱に注意して貰はねば困ると云ふ。

(発信)川上貞司、野山、唐木田、佐藤秀雄、熊谷(以上礼)、金井元彦(着任祝)、庸二(40)

六月十六日(土曜)
朝水尾を訪ふ。徳川伯へ肴料百円持参す。
後次田氏を訪ふ。薬師寺、川西来り麻雀。(十)三〇

○。三瓶と水尾へそら豆を上げる。
長谷川君来訪の由。

夜松子へ電話す。

(予記)六月六日
六月九日　皇居炎上と沖縄作戦の不利は肇国以来の痛恨事。恐懼に堪へず。憤激に堪へず。それにつきましても忠勇義烈なる我が陸海軍将兵諸士、殊に学鷲、予科練の如き年少気鋭の将兵を始め第一線将兵諸士が克く皇国護持の大義に徹し、補給の欠乏に堪へ勁敵の侵寇を邀へて力戦敢闘、多大の戦果を収めつゝあることは感激措く能はず。我等一億国民と致しては之等の力戦敢闘に応へ、宣戦の御詔書を奉体し、国家の総力を挙げて皇室の御安泰と国体護持とに努め、以て聖慮を安んじ奉りたいと存じます。仍ち茲に院議を以て……

六月十三日茶会に於て　僭越ながら御招きを頂きました一同に代りまして御挨拶を申上げます。今回御召集の

第八十七回帝国議会は、戦局頗る重大にして敵の侵寇倍々猖獗を極めて居ります折柄、畏くも天皇陛下御親臨の下に厳粛なる開院の御式挙げさせられ、会期は短時日でありましたが両院共に慎重審議を重ね、政府提出の法律案六件を協賛致しまして、本日を以て滞りなく閉院式を終了せられたことは、皇国の御為め誠に御同慶の至りに存する所であります。政府に於かれては国務極めて御多繁の央、私共多数を慰労の為め御招き下され、又只今は総理大臣閣下を代理し米内海軍大臣閣下より御懇篤なる御言葉を戴きまして誠に有難く、且恐縮に存ずる次第でございます。現在は━総理大臣閣下が施政方針演説にも申されました如く、敵が無条件降伏を豪語して居りますは、現在は我々一億国民は唯々死を賭して国家総力をあげ戦争目的遂行に当るべきの秋であります。至誠□□の総理大臣閣下を始め閣僚諸公には何卒御□□の上、決戦下特に緊急必要に応じて成立した法律の施行に就ては、議会を通して表明せられたる国民の声に聴かれ、又宜しく現実を直視せられまして、旺盛なる気魂と烈たる闘志とを以て、兵力戦は勿論のこと外交戦、思想戦、経済戦等の指導に当られ、畏くも皇室の御安泰と大日本帝国国体護持との為めに、延いては世界人類幸福の為めに、時を逸せず一切の障碍を破摧して勇猛邁進せられむことを期待して已まぬ次第でございます。茲に重ねて総理閣下始め閣僚諸公の御□□を祝しまして、御礼の辞に代へたいと存じます。

六月十七日（日曜）　曇　時々晴

朝亀田力造、唐沢夫人、午后今井五介氏、近藤君来訪。

（受信）父上（六日附）、池田清、市来乙彦

六月十八日（月曜）　曇

九時豊島岡に於ける閑院宮殿下の国葬に参拝す。近藤、小野寺同行。長谷川瀏君へ電話す（不在）。衆議院議長へ祝に行く。勝田副議長不在につき大木君に名刺を託す。迫水君へ電話（戦時緊急措置委員会委

員の件）。

石井記者来室、七日議長応接にて金光と、松村謙三と議長候補を相談中岡田氏来り、首相の使として南にあひ、臨時措置法を無修正にて通す諒解を得置きしにこり、無修正で通してくれと云ふ。金光はだめだと云ふ。大喧嘩をした。内ケ崎氏は永井系なる故議長にされず。島田は中島系なり。大臣よりも議長を希望せり。

大塚惟精、後藤文夫二氏来訪す。倉を開ける。

夕近藤を招き夕飯を供す。

大、「昨日武藤章にあった所が、衆の官長は軍を理解し協力してくれるが、貴の官長は軍を理解せず非協力だからやめさせなければならないと云っていたから、用心したまへ」と云はれた。

六月十九日（火曜）　晴　冷

議長へ礼に行く。

古島一雄氏、青木千尋、三宮准尉、木村進、阿部老人、佐藤秀雄来院。

正午左近允〔ママ〕大臣へ、貴族院の戦時緊急措置委員会の委員は十二名とせられたき旨を伝言を頼む。

四時三十五分迫水より電話。両院十二名宛二十二日迄に議長に於て選定を乞ふとのこと。次議長へ報ず。

（受信）滝川氏
　稲畑氏
　佐々木袈裟平

六月二十日（水曜）　晴　冷

警保局小西理事官（館林の使）、河井氏、副議長、岩村男、竹下君、佐藤秀雄、谷村事務官（斎藤へ酒を二本やる）、徳川家正公、池田秀雄氏、岡部子、溝口伯、浅野侯、久保田男来室。

午后次田氏を訪ふ。唐沢夫人へ使をやる。

吉家へ酒一本やる。

夜加瀬君来訪す。鈴木首相の議会演説あまり芳しからず。敵は、鈴木はみ損なった、奴がネゴシエーターになったと云ふ。しかしグルーやクレギーはどう見るかは問題なり。軍と外務と話がつかざりし故、重光を引出し仲介をさせむとせしに怪我をしたり。（木戸も希望す。）

六月二十一日（木曜）　晴　冷

水池君へ電話。

水尾さん来訪（千倉行切符を渡す）。

志賀直三氏来訪。

午后二時議長来院。緊急措置委員会へ議長、副議長の出席することを好まず。

夜太田文相来訪、首相の演説の原稿の整理を自分と迫水と下村に任さる。「共に」天罰を受くの「共に」は問題を起す故削りたり。然るに首相は又「共に」を入れたり。平沼も昨夜あひしに、陸軍を押へる外道なきことを云ひおりたり。右よりは平はバドリオと云はれ、温健派よりは硬論と云はる。

六月二十二日（金曜）

六時三十五分上野発、帰長。十二時四十分着。

小阪〔ママ〕武雄へ電話して刺身をやる。浴衣一枚貰ふ。

六月二十三日（土曜）

朝風間清見舞に来る。

朝小阪〔ママ〕へ電話。十時藤野英陽来訪。諸部隊に困る。

午后一時半小坂順造氏を大正町宅に訪ふ。武雄君同行。

六月二十四日（日曜）

朝伊藤一雄来訪。石井広三来訪。昼食を共にす。

午后小出一二三、沢田安茂里村長来訪。石井進、井沢政頼来訪。

夜神津氏へ電話。

六月二十五日（月曜）

坂本白崇院をよぶ。松子、神林へ行く。伊藤へ電話（荷物の件）。

小池君を訪ひ二百円上げる。藤野、小坂武雄（不在）、小出隆（篠原医院に）を訪ふ。夜風間清を訪ふ。

六月二十六日（火曜）

午前荷造りをする。

夜桐生巧来訪。

庸二へ連署、ハガキを出す。

六月二十七日（水曜）

六時八分長野発帰京。みつ子長野駅迄見送り来る。

沖森内政部長と同車。伊集院兼知氏に面会す。

議長邸より電話（明日六時四十五分両国発佐原行）。

田口氏へ電報。

議長邸へ桜桃を届けさす（三瓶に）。

チブス予防注射。湊川（八日付）　東久世（二十三日付）　小村侯（廿日付）　竹越氏（〔アキ〕）　益田太郎（九日付）　小林一三（十日付）　佐藤忠雄（十九日付）

木戸と一時間懇談。よく判っている。

西条村へ皇居造営のことより話しだす。

松平を枢府へ入れることは宮内省として反対と云ふ程に非ず。どうせやるのなら少しは　その儘にしている方がよからう位の意見なり。

六月二十八日（木曜）　晴　暖

六時四十五分両国発佐原行。議長御夫妻、沢氏、皆川氏同行。鈴木〔アキ〕宅にて食事。材料豊富。

香取神宮に参詣。子供、特に庸二の武運長久を祈る。

三時三十分佐原発、七時帰宅。

夕夜利男だるしとて早く寝る。便所四度。

（受信）伊沢氏、夜、佐野、飯島直一、徳川家正、小村侯（十八日）

六月二十九日（金曜）　曇

加瀬を訪ふ。

朝議長より電話（明日不出動の件）。酒井伯へ電話。

理髪。

大木を官長室に訪ふ。村瀬君同席。

後島田課長に面会す。

井上匡、岡部子へ電話。田口氏、薬師寺氏来室。

結城安次、徳川家正公、岡部子、次田氏、酒井伯、山岡氏、竹下氏来室。

利男病気、坂田医師幸に往診す。午后〇時半四〇度一二分。七時半四十度。絶食、頭痛甚し。

加瀬、少しづつ進みつゝあるも間に合はざることを憂ふ。これから軍人二人来る筈。

（受信）村上久子　小沢みさ子　川越氏　岡本久吉
　　滝川儀作

六月三十日（土曜）　曇

十一時岡部子、徳川公等来室。後小原氏を除く十一氏出席。下打合会を開き徳川公を貴院側議長候補者に、主査を議長候補者に改むることを衆議院に申しやる。

尚食事の後委員会開会前に懇談会を開き、議事規制第五条の問題を相談することを衆議院□に申しやる。

十二時首相官邸に戦時緊急措置委員会開会。先づ懇談会を開き五条につき村瀬に質問す。削ることに定る。

徳川公より金光を議長に推すことを提議す。首相の挨拶あり、次で議長代理者を指名し、諮問案に入り三時半延会す。

予防注射二回目。勝俣君へ電話（大村博士の件）。

坂田来診。絶食。朝三七、八。昼三七、六。昼四。夜三。

大木より電話（世話人の件）。

村瀬君来院、首相を議長にしたかったが、事務当局に打合せなしに議長を委員中より選ぶことを目的ときめて来た。教育審議会の議長を平沼にしたやうなもの。

議会尊重の意味なり。

次田氏があまり逃路がなくなるやうな質問をすると、若い連中が恨みに思ふ。

迫水、首相を議長にするのを避けたかった。

（受信）渡辺覚造

七月一日（日曜）　曇

朝議長へ電話（渡辺氏の件、六日にきめる）。

川崎を関男へ使にやる。桐山丸を貰ふため。

関男来訪。

大村幸一博士来診。

朝三六、七　一時頃三六、四　夜三七、一　夜おも湯

昼二回　夜一回

関男、本土決戦の準備を整へおるは、他面外交工作の進捗を意味するものと、大衆は期待しおれり。

七月二日（月曜）　曇

利男、朝三七、朝おも湯。

綜合所得決定あり。九五五〇円也。

俸給	五、一〇〇	賞与　三月	四二五
戦時手当	五一〇	六月	四二五
家族手当	一二〇	九月	四二五
	五、七三〇	十二月	二、五五〇
			三、八二五

関、山根、三須、岩村四男来室。羽田参与官へ電話、関男を紹介す。大池君来室。

青木千尋より電話。

大、川島正次郎は始めは金光の孤分〔ママ〕、後星野の手下になり、岸の処へも出入す。どこへでも勢力のある所、金の貰へる処へは出入す。

足立、陸軍は粛軍を行ふとの評あり。山下帰京し富永比島航空軍司令官が無断引上げたることを、軍法会議に付すこと衆議せりと云ふ。陸軍が米にとべる飛行機をつくりたりと云ふ噂をきき、それよりも沖縄を奪回して貰ひたしと云へりと云ふ。

（発信）庸二（４５）　赤池濃　渡辺覚造（速達）

（受信）勧銀立川支店

七月三日（火曜）　曇

利男、朝三六、七度、朝おまじり。小林文相秘書官へ青木のことを頼む。

三宮准尉、桑原鶴、木村進、阿部老人、松平康昌侯、

議長来院。

三宮、大衆が戦意を失ふは、指導階級が確乎たる戦争遂行の意思なきことが影響するのである。調査会は人の云ふことのみをきかず、自ら大衆へ飛びこみ体験を以て実情を知るべきである。米の配給の問題となりしとき（三年前）憲兵は沖仲仕、深川の自由労働者中に入り調査したることあり。

桑、ロシアは大物を派遣することを受け入れず。小物を使はしてスターリン直系の小物と接衝〔ママ〕するの外なし。東郷は何故鈴木内閣に列せしや、又嘗て何故に東条内閣のとき開戦に反対せざりしや、了解し得ず。小林の意見として東郷に云ふことを頼む。天皇は東京を去られざることを望む。

松、フライシャーは意見を発表せり。一、軍閥打倒。二、軽工業は許す。三、天皇は平和の愛好者なるも、軍を押ふる力なし、従って戦争犯罪者とするは不可なるも、フォースド・アドボケーターとしての責任はある。四、皇室は存続される。五、ある程度の貿易は認める。一個人の意見なるも参考になる。軍部は統帥権をトーチカにかこみこみ天皇をその内にとり入れた。之を破ることは容易のことに非ず。下の方は上の方に真のことを云はず、従って上の方は陛下に真のことを申上げず。従って陛下は判断を誤られることになる（責任者が必ず勝つと云ふ故それに従はれる外なし）。然るに近時戦況不利なるに及び少しづつ真のことを下より上に、従って上より陛下に申上ぐることとなりたる為め、陛下の御下問も自ら変って来た。即ち陛下は教を一歩ふみこえられた。之だけでも大変であった。即軍の中には未だ戦へると云ふ計算をするものあり。即ち基礎に少し水を入れればそう云ふ計算もなし得る。長野の芋部隊に対する非難と閣議の非難を茨城にてきけり。

夕笠原を訪ひそばを馳走になる。羽田、来月より客車はなくなる。最近敵は日本の如き単線の国は鉄道の破壊に依り戦力を減少し得ると云ふ放送を始めた。山陽線はめちゃ〳〵なり。国が寸断されてもよいやうに、此際戦争材料と食糧と兵隊を各地に分けおく必要あり。復旧物資なし。

岩波、陛下は秩父、高松両宮の話はよくきかる。東久邇は率直すぎて感情を害せらるゝことあり。伏見大将宮はよし。然れとも御病気のためだめ。

梨本大将宮は苦労をして居られる故、話のもってゆき方が御上手なり。

賀陽宮はおちょこちょいと考へられおれり。

皇后陛下は国事は一切御話にならず。

天皇は動物を殺すことも悪いことだと云ふ教育（帝王の学）を受けておいでになる。従って臣民の惨状見るに忍びずと云ふことになれば、平和を当然考へられることと思ふ。

小野寺より干魚を貰ふ。

内田より下駄、ハンケチ、椎茸を見舞として貰ふ。

七月四日（水曜）　曇

朝太田文相を訪ふ。小林秘書官に青木のことを頼む。

中井川、渡辺伯、関男、瀬古氏、佐藤基氏、宍戸子来訪。

中、川島正次郎と云ふ人はよく知らぬ。金光はねちねちして居ながら大喧嘩をすることがある。米の余論〔ママ〕は短期戦を望みおると思はる。従って本土決戦は近し。飛行機の生産高は左程に減少せずと思ふ。

渡、鈴木内閣に対する同情はあり。陸軍内閣の出来ことを恐るゝために、ピラミッド型の頂点は総理でも統率の幕僚長（参謀総長）でもよし、戦争遂行の責任者をおくことが必要なり。

渡辺覚造氏より電話（水戸行延期の件）。徳川公へ電話。

夕刻大池、内田、西沢来訪、麻雀。

三井及川へ電話（住井氏へ伝言の件）。

（発信）飯島直一　佐藤忠雄　杉田　滝川儀作氏

（受信）青木千尋

杉田正三郎

七月五日（木曜）　曇

山根男、副議長、石橋君来訪。

勝俣君、寺田衛生課長へ電話（長谷川武男の件）。

村瀬君来訪（説明の件大蔵省案）。

二時半大池宅を訪ふ。内田、西沢。

夕刻加瀬を訪ひしも不在。

酒、木戸ではだめとの説あり。宮様（高松宮等）を内大臣にして、重臣に補佐させるがよいとの説あり。

三井及川より返事。

寺光、松根油を精製するプロセス、未だ確定せずと云はる。触媒のコバルトなし。

（発信）尾佐竹猛　小村侯爵

七月六日（金曜）　晴

徳川家正公へ（日光）電話。

関男、井田男、副議長、浅野侯、島津侯来院。

水池君へ渡辺次郎へ伝言方頼む（箱根の家の件）。

後藤文夫、保科子来室。長岡隆一郎氏〃（挨拶状を渡す）。

露天風呂。村瀬君へ電話せしも不通。尾沢修治来訪。

後十日大空襲ありとの噂あり。

十一時半より空襲。甲府、清水、千葉焼夷弾攻撃。

尾、東条の長男横須賀海兵団に応召。病気のものは申出でと云ひしに各項に申出でたるため、医者はきさまの様な奴はないと云ひしにそれより出ず。遂にとられたり。二日国民義勇隊として横穴を掘りに出しに、兵は士官を恨み、米が来れば第一に後から射ってやると云ひおりしと云ふ。田舎の飯を士官が配給を受け乍ら食い込むために、自分等に少く渡ると云ふ。菜葉の薄味のものを与へらるゝのみ。気毒に考へたり。

利、油はやかれしため、七月一杯しかなしと云ふ。

浅、この際華族として何か御手伝できるかと云ふことを相談するため集る。本日も宗秩寮総裁に面会せり。嘗松平宮相のときその旨を申上げたり。華族だけでするのも差し障りあり、考慮中。

（発信）長谷川瀏　稲畑　小出

（受信）丸山只間老
　小出
　佐佐木侯

七月七日（土曜）　曇　冷

村瀬へ電話せしも不通。佐藤総務課長へ火曜一時半の議案の下説明のことを頼む。青木千尋来訪。小林秘書官へ電話。

藤原母来訪。

（発信）父上　松子　小坂武雄　橋本辰二郎　伊沢多喜男

（受信）藤野英陽

七月八日（日曜）　晴

十時吉家、足立二氏と護国寺へ茶を飲みに行く。

正午岩波君が陛下より頂戴せし鮎を食ふ。空襲警報。

一時半北沢へ転居。議長へ転居の旨電話す。

七月九日（月曜）　晴

病気引籠。

夜内田、高辻来訪。

七月十日（火曜）　晴

朝長谷川信道氏外二軒へ挨拶に行く。

十一時登院。

蔵へ酒二本入れる。

夕刻赤沼に松子へ電話をかけさせる。

（予記）小型機約千機来襲。何の手も打てず。

（受信）松子
　高山侃一

七月十一日（水曜）　曇

朝河井氏来訪。

十時登院。中御門侯、次田氏来室。桑原鶴〃。

十時半東郷外相を外務省に訪ふ。種々の手を（ソビエット対策も含む）打っている。人をソへ出すことも

（アフガニスタンへ出すことも）、ビザがこちらが多くて向ふが少き故容易でない。フライシャーは、三週間位前に書籍を出した。方々の意見をきいたと書いてある。

正午世話人理事会。

一時半戦時緊急措置委員会。税金のことを付議す。徳川公よりの申出により、将来貴族院だけの下審査は行はざる旨を村瀬君に申出ず。

三時三宮准尉来訪。毛利男の件。

中御門、華族が十七日に会館へ集まるが、島津も徳川（家正）も抽象的なことを申出すと云ふ意見であるから、それでは何の役にも立つまいと思ふ。

六時松子へ電話す（保険の件）。

六時半堀医師の診察を頼む。血圧百七十。

七月十二日（木曜）　雨

朝内田、木村両君来訪。

引籠り。

七月十三日（金曜）

山崎、飯沢へ電話せしも不通。

七月十四日（土曜）　曇　雨

利男出勤。飯沢君来訪。

正午徳川家正公来訪。村瀬君へ電話せしも不通。

二時関男と丸ビルに川部を訪ひ、次田氏と麻雀。

内田君と同車帰宅す。

飯、新聞公社の岡村二一が松岡に面会す。スターリンと話をするは閣下以外になしと云ひしに、「馬鹿、日本が戦に勝っておれば格別、負けている日本とロシアが手を組むと思ふか。二年でも三年でも苦戦を続けて米をして戦意を失はしむる外道なし」と云へり、と云ふ。

七月十五日（日曜）　曇　雨

荻野同盟子と電車中にて会ふ。

午后一時半議長を訪ふ。

三時高宮より使あり同家を訪問、更に前田氏を訪ふ。

荻、一昨日の宇都宮と宇和島の爆撃は、朝五時のニュースにて敵に宇和島敦賀（ツル）には海軍の重油貯油所あり、宇都宮には陸軍の重〔ママ〕――ある故爆撃せりと放送せり。陸軍に気の毒故八時頃電話をかけて模様をきくと、ポツポツ情報が集る程度なり。角力にならず。少し前大都市の外の四十二の小都市（県庁所在地ならむ）を攻撃すると云ふ。

議長、米陸軍に何故に東洋へ兵を出すを要するやとの意見出で来れりと云ふ。之を善用して和平をせねばだめだ。米が戦意を失ひ負けると見るは不可。

前、戦術用の油は上陸作戦に備へて用意あり。本年一配〔ママ〕は大丈夫と陸軍云ふ。先日大将会にて陸相は、海陸一致せず、海軍は空軍をよこせと云ふ、荒木大将は、陸軍が皆海軍服を着たらよいではないかと云ひたり。

七月十六日（月曜）　曇　冷

昨夜前田氏宅に泊す。七時十五分帰宅。

河井氏来訪。

十時十五分発十一時着院。村瀬君へ電話す（徳川公よりの件）。

関男、高野吉太郎、木村進、阿部鶴来室。午后田口副長に按摩をして貰ふ。松子へ電話。

河井夫人茶碗等を下さる。笠原へ電話。伊沢氏へ電話。

夜木村進へ酒一升。河井氏を訪問、礼を述べる。

舘、緒方の談によれば、茲一ヶ月と云ふよりは十日が大切なり。ロシアは三頭会議に呼応せしものか、東洋平和に対する発表をし（中立条約不延長発表以来沈黙）、シベリアで演習を始め宋子文と交渉をする一方、畑西部軍司令官は、どうせ平和になりても戦争犯罪者として処罰される故、飽く迄戦ふと云ふ。九州の国民義勇隊を戦闘部隊に切り代へる。大坪知事は駄目。満州組、阿倍〔ママ〕が内相になりし故警視総監をねらひたる□□□。

（予記）村上治子より野菜と卵を貰ふ。

寺光、障子紙、ふるひ、金網を買って来てくれる。

（発信）保民、角倉（祝）、武田（礼）、小坂武雄（木村一郎の件）

（受信）保民　角倉　武内重

七月十七日（火曜）　曇　雨

青木千尋より礼の電話（不在）。小林秘書官へ礼の電話をする。

正午大塚惟精、副議長登院。松橋某来訪。

午后田口副長に按摩して貰ふ。村瀬長官来訪。桑原来訪。

大塚、真の民の声は戦争を厭ひおることを、閣僚に話しおけり。鈴木内閣は政治力なし。査察使が来たから東京を査察せよと云ひおきたり。陸相は昨日の総督会議に於ても陸軍の責任は重大だと云った。

酒井、内田に対し、戦局は勝目はないがそう悲観すべきでないとも考へらる、何とか具体的の手を打つことは重臣のすることだ、自分等のすることではない、今日の会合は宮内省に対し何か勤労奉仕でもしやう（閑なもの）と云ふ相談であって、手を打つとか何とか云ふことを相談するのではない、そう云ふことは蔭で話すべきことだ、と云へりと。

桑、貴族院として手を打つ必要あり。近衛、広田辺りがソ聯大使と連携するは眉（タイ）外交と誤解さる〵おそれあり。

（予記）石原莞爾（毎日）の説は僕の説なり。

七月十八日（水曜）　曇

内田君来訪、同行登院。小原直氏来室。

佐藤基氏来室。

副議長、岡部子、保科子来室。毎日久保田君来室。

小原、室蘭砲撃の際石炭輸送船八隻全部、青函連絡船四隻全部沈めらる。之より石炭を汽帆船にて運ぶと云ふも不可能なり。

塩原君来訪せしも、図書室にありて会ひ得ず。後電話す。

岡、敵は日本の飛行機の月産千三百と放送す。

保、ロシアに対し手を打ちつつありと云ふ。ソ連と米とは妥協して延安政権を認むることとなりしと云ふ。

（予記）昨夜三度警戒警報。

　午前十一時頃より警戒続いて空襲警報。

　野村章より杏を貰ふ。

（発信）青木千尋（祝）

七月十九日（木曜）　曇
電車にて佐佐木侯に面会す。

正副議長登院。田島少佐、次田氏来室。及川君来院。

第一ホテルに湯本財務官を訪ふ（不在）。塩原を訪ふ。

加瀬、吉家を訪ふ。吉家へ酒一本上げる。

田、九州の国民義勇隊を戦闘隊に切りかへる。

塩原、敵は日本の飛行機の保存量を九千機と云ふ。

正副議長、高松宮の内大臣説。

副議長、高松宮を内大臣にすると、天皇退位のとき皇位をふむ人なきにより困るだらう。秩父宮は御病気故。

議長、秩父宮が当然なさるべきもの。従ってその心配なし。

酒、関屋氏曰く、鈴木さんが云っていることが真にそう思っているのか、外面だけそう云ふのか不明。真にそう思っているとせば困ったこと也。

迫水より電話（堀江枢密院書記官長やめ、勅選）。

塩、総監会議のとき首相は一億総穴居せば必ず最後には勝つと云ふ。大塚氏は中央よりもっと地方へ任せて貰いたいと主張す。他のものも之に勢を得て大にその主張をした。安井は余り云はず。内務省の連中も安井は浮いていると云って居る。阿倍[ママ]は同級、親しい方なるも、大臣の器に非ず。大坪は評判よし。

七月二十日（金曜）　曇　冷
川西氏来訪、小原一三来訪。
午后東久世男来訪。勅選の件。木戸のことを話す。
一時半より井口情報官の話。敵は日本の飛行機九千、第一線の爆撃に堪へるもの四千機。青木千尋来訪。

岡部子、保科子来室。井田男来室（憲法疑解の件）。

総力戦の意義は石原の云ふのにてよし。軍人が凡てのことを、政治も財政も経済もやるのは軍政であって、総力戦ではない。石原の東亜連盟の思想はいかぬ。天皇が日本からはなれて東亜の各国の盟主になる、日本の天皇としてでなく、日本の天皇としてでは不公平になると云ふ考方なり。従って軍のものに入れられず。

議会が最後の議会と云ふ山田博士の考は思違ひなり。議長としても、事務局としても、議員としても、議会は飽く迄続ける考でなければならぬ。

伯林ではスターリングラードが落ちてより独乙人も敗戦気分となり、この戦に勝つと云ふことがしゃれになった（あとで笑ふ）。

党の不一致を示す寓話。ヒットラーとゲッペルスとゲーリングが空で相談す。ゲッペルス、伯林市民に牛乳をふらしてやりたい、ゲーリ、肉をふらせてやりたいと云ふ。伯林人は三人が降ってくれればよいと云ふ。

（発信）見舞
渡辺覚造
松村義一
飯島直一

七月二十一日（土曜）　曇　嵐

湯本財務官、前田中将へ電話。

田島少佐来訪。軍務課長へ見舞のぶどう酒を委託す。

「軍は大衆が大に戦意を昂揚することには賛成なるも、最高指導者が国策を考ふる邪魔をせぬ様に頼む。最高指導者（少数）は陸軍の反乱や殺されることを恐れて居る。」と述べしに、全然同感なり、尚軍の一部には議会等いらぬと云ふ者もあるも、それは誤りなりと答ふ。

午后大木、中井川を訪ふ。議長交際費の内容の区別はあるも、それを削減するには総理大臣又は大蔵大臣より議長の了解を求む可きものなり、との意見に、大木君も同意なり。

佐藤基君へ電話。

迫水へ電話（塚本氏の件、有馬伯が議員に非る件）。

藤原より水蜜を貰ふ。

（予記）酒井伯、午后四時より六時頃迄荻窪にて近衛公と会見。近は明日湯河原へ行く。

（発信）浜口儀平衛（見舞）

小原俊雄（見舞）

七月二十二日（日曜）　晴　暑

竹越氏を訪ふ。桃を上げる。東郷の考へて居る処は正しいが、何もしないらしい。ロ大使が近衛を尋ねて来た。

伊江男を訪ふ。天野辰夫の話を間接にきく。戦争の始りしとき陸軍にて地下工場を称へし人ありしに、三井三菱等財閥の連中がその者を買収し地下工場を中止させたり。天野は之等の連中を殺さんと企てたりと云ふ。天野よりの直接の話に、尾崎秀実は、けん公（近衛）は何も知識がなく識見もなき故、自分が凡てのことをやることになった、大政翼賛会はロシアの模倣なりと、調書に出でおれりと云ふ。

一時佐藤基、川西、次田氏来訪、麻雀。（十）一七〇〇。

前田中将来訪。酒一本上げる。

佐藤君より鮪缶詰、川西君よりミルクを貰ふ。

七月二十三日（月曜）　曇　冷

関男来院（議長より議長官舎を使へとのこと）。

川部氏より電話。

大塚来訪、近は箱根に居て、二十六日迄こちらに居る。政府は平和に向って手を打っている。阿南はよく判って居る。鈴木、米内、東郷と手を組んでやっている。ロシアに関する限り、広田、近衛が関係して居る。

笠原賢造君来訪。

帰途飯沼神祇院副総裁を訪ひ、高岡神社のことを頼みおく。

七月二十四日（火曜）　曇　冷

朝芳沢謙吉氏に面ふ。東郷は陸海軍大臣に責任を分担させやうとする。内田信也はこの戦はシチヤウ茶だと云っている。

宮田氏来院、関東軍をおさへてロシアをして西部戦線に専念せしめし梅津に対し、スターリンは好意を有すらしい。小磯の前に首相たらしめんと近衛に云ひしも、実現せず。

一時左近允[ママ]氏を官邸に訪ふ。鈴木首相が必ず勝つと云ふは真意なりや、プレテンデンスなりや、貴院は戦争最後の内閣たる期待を有っているのであるが、期待に反すれば困るとの説次第に出づ、と話す。鈴木は戦争をやめる内閣であることを覚悟して居るやうだが、はっきりしたことを云はぬので（一億総穴居すれば必ず勝つと云ふが如き）、下村等もそれをきくことが出来ず困って居る。一億が死ぬ気になると云ふことが勝利の前提だと考へて居る。骸骨を乞ふことは自分が骸骨になる迄せぬ。閣僚はだめ。阿倍[ママ]は先般やめると思ったら、今暫く内閣改造などすると弱いと思はれるから止ってくれと云はれたら、感激して止ることになり伊勢詣に行った。そう云はれても辞職すると思って居た。厚生次官位のねうちの男だ。鈴木さんは見不転で内相にしたのだ。戦時措置法案のもめたとき、米内と自分は審議未了の儘閉会することを主張した。米内は国を憂へて居る。岡田は人の云ふことを批評するだけだ。石黒だけが一生懸命でやって居る。

高松宮内大臣説につき、ある人が東久邇宮に話したときだめだらうと云はれた。即ち陛下はおききになるまいと云はれた。実例は東条が参謀総長を兼ね島田が軍令部総長を兼ねたとき、高松宮は反対をされたが、陛下がおききにならなかった。（小林は左に対し内大臣と云ふ位置におつきになればおききになるだらうと云ひしに、左氏は首肯す。）広田がやっている。首、海、陸、東がやって居る。鈴木は若槻、岡田等にあいたがっている。重臣会議はやめることを提議しているが、まだ入れられぬ。中島知久平と私邸であったら、内閣改造説迄生んだ。梅津は首相に真意を打ち明けず。

二時半より議長官舎に今井領事、書記官を招く。

加瀬、茲十五日内に日本の運命きまる。三頭会談にて全部きまる。此際機動部隊をたたければ非常によいが、その力なし。従ってよくきまるか悪くきまるかは四分六分なり。米では無条件降伏の内容を論議しつゝあり、トルーマンが出かける前に海陸、国務省できめたものありとの説あるも、未だ不明。近や広がロシアと接衝〔ママ〕するはよくないが、時がなき故致し方なし。

（予記）森口より茶を貰ふ。

七月二十五日（水曜）　晴　冷

木村、内田来訪。太田晃来院。関男来院。大池来室。

水谷川来院。研究会事務室に溝口伯、平塚氏等を訪ふ。

大河内輝子、保科子、次田氏来室。川部氏より電話。

三時より麻雀。関、大池、内田。（一）一八〇〇。関男大にあたる。

風呂をたてる。

夜河井氏来訪。

（受信）大河内子（七月二十一日付）

　木村尚達氏（六月二十三日付）

七月二十六日（木曜）　晴　暖

十二時発、まさの墓に詣ず。三瓶同行。比較的掃除されおれり。グラジオラスの白と紅の花咲きおれり。

三時立川。青木千尋の博士授与祝に参列。寺田博士、三浦碌郎等に面会す。

（本日副議長登院。議長より電話ありし由。）

（予記）ポツダム宣言放送。

　田口君等より鶏を貰ふ。

　寺田より購入のナイフ等届く。

七月二十七日（金曜）　晴　暖

太田晃来訪。三宮憲兵来院。笠原へ電話（不在）。

議長へ電話す。二時半議長来院。水池より宣伝ビラを借覧す。

金光庸夫、松村謙三両氏、日政へ貴族院の大量参加を頼み来る。貴院書記官長は事務官故政治的なことは出来ぬ、又能力もなし、南総裁が交渉員を招きたいと云ふのならば、何で招くか判らないでは困るから、橋渡をして貰ひたいと云ふのなら各派の人に話して上げやう、と答ふ。議長へも右報告す。木村進、阿部老来室。四時帝国ホテルに於ける金光氏の戦時緊急措置委員会の委員を招きしに陪す。

笠原より敷布団二枚、掛布団一枚貰ひ、吉家へ預ける。

（予記）門の前にビラ一枚落下す。

清水君より卵を貰ふ。

七月二十八日（土曜）　晴

引籠り。

朝内田君来訪。

正午守衛五人来り濠を掘る。握り飯を食はす。

○時半か一時頃敵機来り掃射をす。

川西君より盆三枚と土瓶を戴く。

赤池氏来訪の由。

（予記）新聞にポツダム宣言発表。

七月二十九日（日曜）　晴　暖

佐佐木侯を訪ふ。茶とソースを上げる。

瀬古君を訪ふ（不在）。茶を上げる。

住井氏（三井）を訪ふ。五（六）財閥が陸相にあふことを慫慂す。下の奴が邪魔して会はせぬ。会っても下の奴の意見で形つけ〔ママ〕られる。何かの形で財閥の結束が表はれると思ふ。米は日本財閥より媾和の打診ありし旨放送するも、かゝる事実なし。只藤原銀次郎君が、スウェーデン大使の帰るときに、相当の条件ならば媾和してよしと云へりと云ふ。

ストックホルム二十七日発同盟ロンドン来電、総選挙の最終結果

労働党　（議席三九〇）　一一、九六二、〇〇〇票
保守党　（議席一九五）　九、〇一八、〇〇〇票
自由国民党（議席　一四）　七七六、〇〇〇票

自由党　（議席　一一）　二、二八〇、〇〇〇票
独立労働党（〃　三）　四七、〇〇〇票
共産党（〃　二）　一〇二、〇〇〇票
聯邦党（〃　一）　一一〇、〇〇〇票
無所属（〃　一〇）　五四五、〇〇〇票
此の他十三区は追加発表の予定。
（受信）小出より電報
　徳川宗敬伯
　馬島医師

七月三十日（月曜）　晴　暖

徳川家正公、酒井伯、井上子、山崎信太郎君、阿部老人、小出一二三来室。
塩原へ電話。
酒、天皇陛下は一番よく国情を御理解になっている。木戸を代へるのは一時見合せ。木戸も一生懸命にやっている。鈴木首相の云ふことはおもてだけ。別に考へて居るらしい。ロシアにも考へて居るらしいが、近や広が行くと云ふ処迄は行っていない様だ。山、二十六日軽に近を訪ふ。ほがらかなり。軍部も困っていることが明瞭になった。しかし三人よると強くなるので困る。首相が荻外荘へ訪ねて来たことを話せしに、笑ひ居たり。スターリンは参戦すまい。外務省側の情報によれば、ロシアは延安政権を認むることを要求すへし。支那に於ける日本の発言権は之を認むるも、ロシアの発言権を尊重することを要求すべし。東郷が来月半頃ロシアへ行くべし。
（発信）大河内子、島田、川西、木村尚達、比島協会、
　徳川伯、馬島
（受信）長谷川瀏

七月三十一日（火曜）　晴　暖

朝木村君を訪ひ小坂の手紙を示めす。荻外荘にて首、外相と近公と度々会談せし由。後河井氏を訪ふ。バスにて渋谷へ行く。徳川家正公、関屋、三宮准尉、及川氏、大島子、浅野侯、保科子来室。酒井伯へ電話

せしも不在。内田君をして仙石原へかけしむ（金光、松村の件）。田島少佐へ電話。

河、各派交渉員一名位を集め話をするがよい。後藤はきらいになった。

関、首相の心事不明。飛行機の生産高を人の想像よりも遥に多くと云へばたりるのを、千台だと云ふが如きは愚なり。負けると云ふ事を前提として考へて居るならよいが、軍部に必信頼せよと云ふが如きは信を国民に失ふ。貴衆両院議長、大審院長を枢府副議長の上にして、又議員の位置も高め、一面戦争を続けると共に議会の基礎を固くす。塩野内相説を話せしに、平沼は私が多くて困ると云ふ。

浅、日本は小さくなって、亦大きくなることを考へるがよい。木戸は明敏なるも悧功すぎる。石渡を宮相にせしむ不可。武者がよかった。武者がやめるのは当然。松平宮相の方がよかった。抹殺と言ったのが一段進んだのは結構だ。

保、日本がどうなるか分らなかったのが、標準が示されたのは結構だ。之を基調として考ふべきことだ。ロシアとはまだ話が進みおらざる由なり。外相としては軍部に相談せずに軍部の逃る道をあけて置いてやるがよい。岩崎副社長（四八、自分の甥）の如きは、国家と共に亡びると云って居る。始めから三菱の軍事工業が成算あるものとは思って居らず、二度仆れかけたが助かり、今度は三度目に仆れるのだと云って居る。自分の家に保険をかけ居らず。

平塚、政府と同じく、黙殺するの外なし。

三宮、ポツダムにて放送せしもの、日本へ正式に伝達されしものに非ず。

大島子、

（予記）近藤君より正の墓前へ線香。

始めてミンミンを聞く。

（発信）丸山鼎吉

（受信）古島一雄氏

八月一日（水曜）　晴　暑

八時発、多摩墓地に詣ず。河原文部次官来訪（佐佐木侯の件。）

松平頼義君に面ふ。

一時半首相官邸。戦時措置委員会。徳川議長より電話。竹下、岡部子、小原氏、岩田氏、下村国務大臣、大野録[ママ]、迫水と話す。

自分は首相にだまされて居ることにして居る。つらいことである。首相は必ず勝つと云ふ。しかし勝利と云ふ彼の意味、特に小国が大国と戦い勝つと云ふ意味を考へると云ふことを人に云っている。真意は戦争最後の内閣を以て任じて居る。どこ迄も戦ふ、降参はせぬ、然し手を延べて来るのを拒ることはない。有馬伯の議員と書きしは、人事課長の失敗。始めより綜合計画局は貴族院より行政委員をとる予定に非ず。内閣官房の委員に北条子と山根男をすることにせり。

（予記）夜始めて熱し。八時半より二時頃迄引続き空襲。

（受信）渡辺覚造

八月二日（木曜）　晴　暑

朝下村宏氏を訪ふ。

徳川家正公、浅野侯、肝付男、阿部鶴、中御門男、東久世男来室。

肝、東郷の入閣前軽井沢よりの帰途同車せしに、戦争が勝てば平和の手を打ちやすい。しかし負けて居るからと云ってほっておくと云ふ手はない、と云へり。

四時半議長を訪ふ。

下、内田男は鈴木を知らず。台朝勅選の問題となりしとき、枢府が反対なりとの噂をきき鈴木に面会して必要なる所以を説明す。更に小磯内閣のとき陛下側近がよわいとのことにて乙酉会が手分けをして各方面の意見をきいて歩きしときに、鈴木を訪問せしのみ。入閣の交渉あり考慮し居りし所、或人より首相直接の名指し故承諾せよとの勧告ありしにより入閣せり。従って首相は如何に考へ居るや不明なり。只臨時議会のことで閣議の際に、何人も質問をしないのに、内閣の改造の如き小さいことはせず、大きな問題があるのだと云はれたと、何のかやる［以下判読不能］強硬に電話にて「君の考として、首相が何か考へて居るらしい」と云ふことは云はぬやうにしてくれ。少しでも平和気□のあることが外国に知れるといかぬから、「首相は勝って考へるのだ」と云ふことを云ってくれ、又勝つことを考へ得る節もあるとのことだと訂正し来る。

（発信）篠原（見舞に対する礼）、父上、松子、庸二、
　保民

（受信）篠原栄一

八月三日（金曜）　晴　暑

木村君来訪。釜石、室蘭、軽太［ママ］が砲撃され、飛行機の侵入に対して何らの施策なかりし故、閣議にて各閣僚より一体戦は勝てるのかとの疑問出で喧［アキ］を極めたり。軍部大臣は軍令の手続のこと故と逃ぐ。首相に質問の矢が集まる。首相は一寸と閣議をやめて待って居てくれとて、南総長を訪ひ会談の結果、陸海軍は必ず勝つと云ふと云ひて、その結果新聞社に対し一問一答形式を以って、必ず勝つと云ふことを国民に知らせるに至りしと云ふ。

茨城辺の百姓は東条を殺せと云ふ。増田一悦は、鈴木内閣を小磯内閣の出来る頃試みたり。

一時半迫水を内閣に訪ふ。議長、義公、烈公の子孫として首相に面会、慰労の言を述べたしと話す。

後伊東子を外務省に訪ふ。宮沢裕君に面会す。

今井五介氏来訪。議長へ電話す。迫へ月三時半と電話す。

伊東、ソ及□□何か加って居る。

宮、ポツダム宣言を基礎に外交々渉を始めるがよい。

意外に軽い。

今井、陸軍を相手にせずに平和工作を進めることが大切なり。逃げ路をあけておくことが大切なり。

迫に、徳川議長は義公、烈公の後だけあり、忠君愛国の念［ママ］く責任観念強し、首相が老躯を捧げて大政［アキ］理の

任に当ることに感激しておられる、首相を、激励と云っては失礼だが、御慰労申上げたいと云って居られるが、首相の御都合如何、之は議長として云ふのではないから、君が適当と思はなければ他人に相談せずに拒ってくれ、問題を起すおそれがあるからと云ひしに、非常に有難いことだ、首相に取次ぐとのこと。食事でも差上げやうか。それには及ばぬ、日曜の十一時半又は月曜の三時半。□はまずい人だからその積りで、又政治家としてお目にかかるのでないからその辺は十分と云ひしに、「義公、烈公の御子孫として」と云ふことでよいか。それでよし、と話まとまる。

迫に、君だけの考で返事せよ、他に相談するならやめてくれと注文す。迫非常に喜ぶ。迫、明日午前十一時又は月三時半都合よしとのこと。

（予記）　お客様御苦労様と探照機

（受信）青木千尋

八月四日（土曜）　晴　暑

朝河井氏へ挨拶に行く。十一時半の汽車にて疎開。溝口伯来院。

十一時半議長を赤十字に訪ふ。

後斎藤樹を訪ふ。夫人に面会。酒一升やる。

一時半亀山孝一君の話あり。一升やる。

後藤文夫、保科子来室。

夕近藤来訪。食事を共にす。

小野寺を松村光□□君宅へ遣はす。

夜赤沼来訪。まつ子へ五〇〇円託す。

溝、戦後社会の変改は覚悟せさる可らず。

（予記）大谷氏の牛肉すき焼延期につき

天高く牛肥ゆる秋を待たん哉

（発信）見舞

渡辺覚造

三浦市長

青木千尋

（受信）古島一雄

長世吉

八月五日（日曜）　晴　暑

原口初太郎氏を訪ふ。不在中藤原、唐沢来訪。唐沢夫人より水蜜を貰ふ。

午后三時次田、川西、前田三氏来訪、麻雀。

原、平和工作につき軍の同意を必要とせず。内心軍は大に喜ぶへし。B29に乗りて米に行き平和工作をしたし。

次、佐藤基君の話によれば、三長官は互に馬鹿にし合って居て会合もせず。迫一人が首相を助けるが如き形になりおれり。その迫が政治を知らず。岡田は悪い人なり。

原、日政支部長会議に星島二郎兄の代理として列席。人事局報導部長が、飛行機は温存、比島へは百出来ても三十しかつかず。その内又実戦に用ゐらるゝは十機内外。今減産なるも、空輸する必要なき故ストックは漸次増加しつゝあり。中小都市もなくなると飛行機による攻撃をやめて上陸して来る。それを横穴にかくしておく飛行機でたたく。従ってそれ迄は我慢して居て貰ひたいと云ふ。」焼土作戦は、ロシアの如き、支那の如き、大国が国土の半分を失ひ、残りの半分にて戦力を培ひて勝つ場合にのみ行はる可きもの。日本には行はれず。

（予記）サイレンに明け　サイレンに暮るゝ五月晴れ
　　サイレンに明け　サイレンに暮るる土用入

八月六日（月曜）　晴　暑

十時半左近允[ママ]大臣を官邸に訪ふ。

迫水へ電話（議長を出迎の件）。

午后議長、関屋氏、水谷川男来院。議長三時半首相を訪ふ。

大岡子より電話。

唐沢夫人を訪ふ。

左、某前大臣の話によれば、憲兵五百を動かして、政界の有名無名人のポツダム宣言に対する批評を求めしに、即時話を始めよと云ふ者六割、無礼なる故一億玉砕と云ふもの二割、他の二割は意見なく、只早く何とかしてくれと云ふ者なりしと云ふ、との話ありたり。あべも国民は大部分厭戦思想になり困ると云へり。首相は戦争をやめたいがそれには国民の志気が昂揚することが絶対に必要だ、国民の士気が揚って居らねば外交工作のしやうもないと云ふ考なり。従って各省大臣はその政管内に於て種々の手で国民の士気の昂揚を計って貰ひたいと云ふが、阿倍（あべ）は先づ落第。石黒の如きも金曜日の閣議に生鮮物資の価格の問題を各大臣の説をきいて定めやうとして、七時半迄もかかった。皆うんざりした。自分は五時半に人に面ふ約束をしたがそれをとりやめた。

閣議後首、陸、海、外、内、情を集め当面の問題の対策を話し合ふことになって居たのもだめになった。尤も首相は、その後でもやれたのだがまあ多数集めてやってもだめだから少し延ばそうと云ふことを云はれて、やめになった。阿南は判って居る。しかし陸軍は今平和をされては支那や南方に於ける兵をどうするかと云って、首相の態度を見て居る。米内は早く平和をせよ、一時勝ってもそれ丈けの話だから、早く戦をやめよと云ふ。尤も豊田軍令は強いことを云って居る。鈴木さんは自分の屍を越へて進めと云ふのは、対米戦許りではない、内国戦についても云って居るのである。御上の御親任は第一人者なり。首相の責任でやることが大事だ（この点愚説と同じ）。

関、左を通して首相の考を如何に観察するか。余の答に、「首相は戦をやめたいが降伏は困る。国民が一致して戦ふ決心をして外交の手を打つ基礎になって貰いたい、と云ふにあらむ。」

先日乙酉会に阿南来り説明。左も下もあり。交友倶楽部にて、飛行機を温存するは上陸に具へる為め、しかし時々は一部を出してたたきもする、そこが軍の苦心する所なり、地方に於ける軍民の離間の甚しきことも自分は知る、閣議の間を見て地方に出で之をききおれり、と云へり。軍人許りでなく文官側も戦争責任をとることにし、近に範を示して貰ひたい。近と云ふ人はあんなつまらぬことをし乍ら国民に人気あるは人徳か。之に対し大臣になりたがる人には人気あるも、匹夫には人気なしと云ひしに、自分が云ひたいことを云ったと喜びおりたり（之は議長に後で話す）。貴衆両院会食の機をつくり相互の連絡を密にして、民主主義政治の昂揚を期したし。

水、近に対しポ宣を基礎に話を始めよと云ひ来るもの多し。研究中なり。戦争を始めた権威と勢力と云ふ権威が複数なら問題なし。最後に無条件降伏と云ふは只字句を用ゐんが為めに用ゐたるやの観あり。前段の条項により、即ち武装解除等あるにより、無条件降伏と云ふ字を用ゐる必要なし。近も此際始める方可ならむと云ひおれり。鈴木貞一が、此際をおきて機会なしと云へりと。敵としては条件の明示し方が早すぎた、と批評する者あり。

黙殺と云ふのは、敵の条件だけ新聞にのせて批評しないと云ふことであったのが、新聞に黙殺と出たので、敵は拒絶と思った。

首相は凡てのことは各閣僚まかせで何も云はぬ。平和のことだけ考へて居るらしい。先日石黒が配給米をへらすことを提議せしとき、外交工作に影響ある故考へられたしと云ふ。石、すぐ判りましたと云ひ、都市は八月十日迄減配を見合せたり、小作工〔ママ〕なるも首相の意をくみたるものなり。

八月七日（火曜）　晴　暑

木村君来訪。三瓶畑を直しに来る。

九時頃発、塚本氏の告別式に行く。空襲警報発令、渋谷駅は待避を追ひ払ひ、物〔ち〕の利用すへきものなく、電車来らずバスにて帰宅す。

五時小山邦太郎君の招に応じて駿河台近藤別館へ行く。大岡子、山田大佐、竹下中佐、篠嶋中佐、畑中佐、田島少佐同席。

昨朝八時半広島アトム爆弾にて攻撃され、死傷十数万（内死者九万）との話あり。陸軍より飛行機にて調査に行きつつあり。大塚死。李鍝公死。畑司令官生。藤井司令官死。松村参謀長重傷。

八月八日（水曜）　晴　暑

木村、内田、岩崎来る。車にて登院。九時勅語奉読式。十二時より世話人理事会。戦後対策委員会の話題を出す。

正副議長、幣原男、田島少佐（アトム爆弾説明の為め）、加瀬、飯沢、大岡子、大河内子「岡部子、裏松子、船橋子〔ママ〕」（子爵議員補選催進を宮内省にして貰ひたし）、青木一男、渡辺伯来室。

木村、石渡は十日位前記者連に陛下の蒙塵をおすすめしたと話したりと云ふ。渡辺伯「小山亮は知事と親しき由宣伝しつゝありと云ふ」。青木「速に交渉を始めるがよし。陸軍を相手にせずに話をすすめること、面白い考だ。重臣が重傷、内務省林人事課長へ電話にて確かめる」。

加瀬、陸軍を除外し進めることに向ひつつあり。木戸、東郷は大丈夫。首相は時々変なことを考へるから、しっかり御願する。ソ聯がポツダムの最初の宣言に加はらざりしは、こちらが手を打ちたるため。モロトフと佐藤はまだ会見せず。宋子文より先に会見するとよいが無条件降伏は困ると云ひ、話の末軍隊の無条件降伏と云ふことに近まりたり。戦争を始めた権威と勢力と云ふは軍閥のことなり。皇室は含まず。残存海軍力（榛名、〔アキ〕等）は全部瀬戸内海に沈没せしめらる。平沼は速時和平説なり。黙殺を拒絶と解したるも、昨夜得し米の新聞の意見には、鈴木としてはあー云ふ外なかったので、拒絶ではなさそうだと云ふ通信を得たり。

八月九日（木曜）　晴　暑　一番暑し

近藤、川崎よりききたり。衆議院にて、関東軍情報にてソ聯が宣戦せりとのこと。小原氏、幣原氏、浅野侯、結城、裏松、保科、議長、徳川家正公来訪。

二時半より井上情報官のソ連参戦の報告。

及川、前田正実より来電。帰途同家を訪ひ三荘やる。

裏松、常務委員に相談せしに、戦後対策委員会は時機に非ずと一致す。仲会〔ママ〕がやられると困るからあまりせん動せぬやうにたのむ。

（発信）松子　保民

（受信）松子

村上久子

八月十日（金曜）　晴　暑　一番暑し

十一時より（少し遅れる）東郷とソ聯大使と面会す。十二時半終了。

八時より空襲警報発令せらし〔ママ〕も早目に登院せしに、議長九時四十五分登院。十時より首相官邸にて首相と面会とのこと。平和の外なきことを問はれれば答ふることにせらる。（後、原子爆弾の発明は用兵作戦の方式を一変せしもの故、新しき対抗策の考へられざる限り不安極りなしと、紙片にかきて議長に届く。官邸防空壕にて。）

大木を訪ふ。空襲の為め光行、□□の告別式に列席し得ず。

関男、宮沢裕、副議長、今井五介、吉家敬造、及川、木村、石井、小山邦、大岡子、関屋氏来院。次田氏より電話。

理髪。四時半議長邸を訪ひ砂糖を上げる。

首相より、種々協議の上客月二十六日付三国共同宣言に挙げられたる条件中に、天皇の国家統治大権を変更する要求を包含し居らざることの了解の下に日本政府は之を受諾す（中立国を通して四国（米英支露）に通達す）ることとなり、二、三日中に発表す。

発表前交渉会等に知らせられざる様望む。島田は、枢密院議長に知らさるゝ場合は両院議長にも知らされたしと云ひしにより、賛成し置きたり。島田は、少数の必要な者に知らす（即ち日政の総才、総務室長に知らす）と云ふ。自分は副議長と官長に知らすと云ひ置きたり。尚首相より他人に話して貰っては困るが、七月某日陛下より戦をやめねばならなるまいと云ふ御話あり、当時外相が軽井沢へ行きおりしため三、四日おくれたりとのこと。

大木、岡田厚相の談。昨夜の閣議は今朝四時半終る。平和に決す。

関屋、今日も閣議を開くが（その前に重臣会議）、形式的の手続をきめるのみ。早く敵に放送するが大切なり。下村に云ふつもり。

（受信）みつ子
皆川信一

八月十一日（土曜）　晴　暑
木村来訪。

朝青木一男を訪ひ乾パンを上げる（重臣無事）。芳沢謙吉氏へ祝に行く。副議長を訪ひ議長よりの伝言を伝ふ。

関男、岡部子、裏松、関屋、大河内、保科、松平親義、小山邦、大岡子、土岐子、東郷男、阿部鶴来室。田口に按摩をして貰ふ。

次田氏より電話。

石井君へ電話。英米は承諾らしい。重慶は反対、ロシアは不明。

五時加瀬君来訪。十日午前六時発電。スウエーデンよりロシア、英、瑞西より支那、米、何れも到達せり。米は午后六時四十五分頃受取りたりと云ふ。重慶は爆竹、琉球基地は高射砲を発ち、サイレンをならし、B29を出さんとするも出るものなし。米、英も戦捷気分にひたりおれり。英は承知すべし。米も下には反対のものもあるも、指導者は受諾すべし。重慶は蔣は反対せざるべきも一部に反対者あり。ロシアは不明。ロシアが承諾せざれば一応は戦を継続するの外なし。陛下が戦を止めると仰せられしは七月九日なり。

始め最高戦争指導会議は三対三なり。それより閣議、閣議を休憩して、最高戦争指導会議（十日〇時より二時四十五分頃迄）、更に閣議（四時半終了）。

梅津、豊田軍令部総長は、四条件（天皇、自主的軍隊武装解除、戦争責任者の自主的処分、軍事占領をやめること）を出したるも、一にきまる。木戸は一時十分出さんとせしも、重光が大に斡旋しくれたり。近衛を主とし重光、加瀬がロシアへ使することになりしも、ソ聯の宣戦によりやめとなる。元帥、軍事参議官には陛下より御話あり。承諾の来次第大詔喚発の予定。支那南部等の総軍は知らず。武装解除が大変なり。鈴木内閣の後は高松宮内閣がよい。阿倍〔ママ〕内相は二心も三心もあるらしく信頼出来ず。町村警視総監は真面目にやってくれる。

陸相の布告は有望なり。

大岡子、研究会にて陸相の布告に対する説明を求めらる。

広島の原子弾は三、内不発二。田の中のもの等はつぶされて男女の別不明。蛙をつぶした如くなる。原子弾は日光と干係ある如くなり。夜及曇天の日は効力少し。

長崎は曇天なり。

小山に、軍隊の掠奪を防ぐため農村出身兵を帰らせろと注意す。

帰途議長を訪ひ中間報告をす。

夜木村来る。

土岐、宇垣内閣説あり。使節は民政系のものは弱き故だめ也。

裏松、陸相の布告はけしからんと云ふ人多し。叛逆行為なりと痛論者あり。（之に対し余は、停戦協定の出来る迄はロシアの宣戦に対し当然なりと説明し置きたり。）

八月十二日（日曜）　晴　暑

内田君来訪。副議長の処へ使にやる。

十時次田、川西来訪、麻雀。（一）八〇〇。

八月十三日（月曜）　晴　暑

（受信）三浦碌郎

八月十四日（火曜）

内田君来訪。

近藤君を加瀬の処へ使はす。

保科子、松平親義、宮沢裕、関屋氏。

保科子、日曜午后三時皇族会議。陛下より和平の御話あり。

次田氏より電話。阿倍〔ママ〕を押へることを頼む。

宮沢君に斎藤を介し阿倍〔ママ〕を押へることを頼むが、昨日一日は軍が引ぱる。酒井伯へ電話。帰途議長邸を訪ふ（模様報告）。

（受信）松村春次

八月十五日（水曜）　曇
朝議長邸を訪ふ。

裏松子に面会。

小原、次田（つぎ）、荒川、矢吹男、関男、溝口伯、後藤文、橋本清、正副議長、書記官登院。坊城男より電話。

小原、次田、矢吹、古島氏と正午の陛下の御放送を拝す。

恐懼に堪えず。戦争責任者は自責に不堪べし。

大岡子来室。昨夜阿南切腹せりと。

議長天機奉伺に参内（寺光書記官にとひ合せ）。

李鍝公に対する弔詞を呈することにす。

正副議長、小原、次田、古島、矢吹（坊城）、裏松、溝口、後藤、浅野（議長自ら浅野侯を訪ひ伝言せらる）に、通信交通不便なる為め交渉会を開いたものとして議長に御一任願ふと云ひ、了解を得。

四時半迫水を訪ふ。三時半総辞職の由。

帰途議長邸へ行く（李鍝公、勅選の件）。

新聞に経過発表。真実なり。

六日　原子爆弾
九日　午前〇時ソ参戦
九日前　十時半　宮中　戦争指導会議―一時半
了（親臨なし）
后二時半―三時半　官邸　臨時閣議
后六時半―十時十分散会
后十一時五十五分　宮中　御前会議　鈴、木戸、
阿、米、梅、豊（指導会議）　平沼（特に）
十日（前）二時四十分　御前会議散会　戦争を終

了せよとの御聖断あり
前三時十分　閣議　四時散会
前七時　スイス瑞典を通じて発送
十時　両院議長首相に会見
后一時—二時五十分　官邸　重臣に報告
后三時　宮中　重臣会議
三時—四時半　官邸　閣議　発表方式等に関し懇談、情報局裁決
十一日夜　我提案に関する敵側の放送
十二日（后）三時—六時半　閣僚懇談会　三時—五時　皇族会議
十二日二時五分—二時四十四分　首相参内
八時二十分　梅津参内
九時四分　豊田参内
十時五十五分　東郷参内
十一時及一時四十七分　平沼参内
十三日午前　平沼等ごねる
十三日（前）五時　正式回答文入手

前　八時五十分—九時　最高戦争指導会議の出席者（首、陸、海、外、参、軍）が官邸に集り、九時十分一旦休憩、十時半より再開午后三時に至る
九時三十分　南幕僚長参内
午后四時　閣議—七時半　閣内意見の一致を見ず散会
阿南、安倍、松坂〔ママ〕、安井反対
十四日前八時—八時五十五分　首相参内
九時四十分—十時　首相参内
十時　宮中　元帥会議
十四日　最高戦争指導会議を開き、回答文の承認可否につき最後的協議を遂げる予定の処、同日午朝最高戦争指導会議出席者及全閣僚、平沼に対し陛下よりお召の御沙汰あり
十時四十五分より御前会議　陛下より、承認せよとの御言葉を拝して、正午会議終了
后一時　閣議—三時半一旦終了
七時三十分　閣議—八時三十分　休憩　首相参内

九時―十一時半　閣議再開　勅語発表
七時の御放送を奉勅　命令が充分に伝達せられ居らざるを口実に、十五日正午に延ばす
平沼、鈴木私邸焼かる
近衛師団長銃殺せらる
加害者東条の婿古賀少佐宮城前にて切腹
下村、大橋等七時間軟禁さる
叛徒放送局へ行き放送させぬと云ひしも拒る東部軍参謀来り連行す。
東京会館より十五日の玉音は放送
十四日夜　議長の感想放送
十四日夜　阿南自殺、官邸にて
十五日正午　玉音放送
三時半　内閣総辞職
十五日夜　木戸邸焼かる
十六日午前　大命東久邇に下る
(受信) 父上　高山侃一　青木千尋

八月十六日（木曜）　晴　暑

朝木村、内田来訪。議長邸より使あり。議長を訪ふ（すでに新聞に発表済故見合はせる）。

阿南家へ弔問。

斎藤へ電話。飯沢より電話。

塩原を訪ふ（南氏辞職の由）。

斎藤及迫水より電話。「勅選を作ったことがセンセイションを犯したから、代表してやめる」

酒井伯、家正公、浅野侯、後藤文、東郷男、及川君来訪。

及川へ一万二千百四十円渡す。残は二、三日中に持参すとのこと。

朝日西島へ次田氏のことを話す（緒方書記官長へ）。

次田氏へ電話せしも不在。

東久邇宮へ大命降下。

帰途議長を訪ひ次田氏のことを話す。

近藤に古島氏へ電話せしむ（緒方へ次田、亀山のコンビを推薦すること）。

（予記）諸官勅選の評

迫水氏の勅選は些かお手盛の感あるが、書記官長を務めたものであるから、当然と云へば当然と云へやう。

阿南自刃。

支那事変勃発以来八年間、又国務大臣として責任を感じて自刃した唯一の人である。

（受信）稲畑氏

八月十七日（金曜）　晴　暑

三瓶等を東燃へガソリンを貰ひにやる。

十一時登院。下島来る。東条自殺せし由。

坊城男より電話（穂積男辞任のことを話す）。

一時より職員を集め、平常通り職務に力む可きことを話す。

十五日夜木戸邸焼かれし由。

土岐子、大河内子来室。

二時親任式。

無所属室にて後藤、唐沢俊樹、橋本清、大麻唯男と話す。

池田宣政来室。伊礼和平来訪。

夕刻今井五介氏来訪、卵を貰ふ。

八月十八日（土曜）　晴　暑

君□もつけてやることを、緒方氏に話すことを頼む。

電車にて朝日吉武、田畑政治に面会。休戦条約の際斎藤隆夫。

古島氏来訪。渡辺伯、大岡子、橋本伯〃。

岡部子、西田尚元〃。

夕刻笠原賢造来訪。砂糖五百匁やる。

近の出たこと評判悪し。近はつまらぬものを推薦するので困る、と緒方は云っていた（古島）。正力を推薦したらしい。

帰途三好栄之（ママ）、田中武雄、三井清一郎、寺島、関屋氏に面ふ。

（予記）佐佐木侯の任命十七日付発表。

西田、スイスフランを介し百円は二弗四十仙。

沖縄では一弗十円。

（受信）父上、松子、稲畑氏、長氏（礼）

八月十九日（日曜）晴　暑

山崎巌へ祝（ビール半打上げる）、後藤達也（不在）、焼跡、藤原銀次郎、吉家敬造（ビール三本）、太田耕造（不在、佐佐木侯の礼）、津島寿一（祝）、佐佐木行忠（祝）、幣原男（パスを届ける）を訪ふ。

赤沼来訪（小平の借用証持参）。

清水より蛤を貰ふ。

藤、職業軍人が戦をアジっても国民は今はついて行かぬが、食糧のなくなったときに地下にもぐってアジると、大騒ぎが起るおそれがある。自分等が自由主義時代にやったやり方の三割（飛行機制造〔ママ〕）と二割（そ他〔ママ〕の事業）しか今は能率上らず。満洲国は十年にして官僚の事業の能率の上らざるをさとり自分に頼んだが、時期を失した。

吉家、松本健次郎氏曰く、「近衛と云ふ人は判らぬ。一体公卿の心理と云ふものはわからぬ。近衛はずるい。」

（予記）赤沼へビール

八月二十日（月曜）晴　暑

水尾さん来訪。理髪す。佐佐木侯、松坂〔ママ〕広政氏、中御門〔ママ〕男、保科子、土岐子、秋田三一君来訪。

重光外相、前田文相、河原次官を訪ふ。

午后古井次官、岩田法相、緒方氏、村瀬君を訪ふ。

緒方、村瀬に対しては佐佐木侯親任待遇の件を頼む。

夜河井氏来訪。

（予記）田中へビール。

八月二十一日（火曜）

松坂〔ママ〕前法相へ議員祝賀に行く。

夕近藤来訪、食事を共にす。

（予記）運転手連へタバコ。

（受信）保民

八月二十二日（水曜）　曇　雨

朝議長を訪ふ。葡萄を上げる。防衛食を頂く。

関、伊江、次田、肝付、酒井、浅野、裏松、岡部、及川、下条来室。

伊江、天野辰夫は隣家。電話を貸す。礼の意味で中川、西郷吉之助及自分を自宅に招く。内務大臣に適任者なしと云ふ。松村義一がよいと云ふ。会はせてくれと云ふ。伊江宅にて偶然あひし形にて面ふ。松村は、内相たるには身体も弱く気力もなしと拒る。

次田、原子爆弾の被害の大なることを世界に宣伝する必要ありと云ひしに、情報局は同感なるも防空総本部は調査を示さず（あべの意を受けしものならむ）、次官会議にて、敵に利用されるものは民間に渡せと指令を出したりと云ふ。けちな考を捨て大石の城引渡の考にて進むの外なし。

山崎内相より電話。

水谷川男使斎藤氏来訪。

八月二十三日（木曜）　雨　曇　一時晴　夜大雷雨

朝議長へ電話。

重光大臣を訪ふ。

議長来院。津島大臣挨拶に来る。

関男、浅野侯来院。

一時関、大池、内田と帰宅、麻雀。

五時五十分内閣書記官長と面会の為め首相官邸へ行く。戦争を止むに至りし理由及休戦条約に関し話したし。法律案なし。一日召集会期二日、本日閣議決定、明日□可公布の予定。日政の幹部を近衛が首相代理として面会、協力を求むとの話ありし故、貴衆両院同様に取扱ふことを希望す。

帰途近藤、議長邸を訪ひ、交渉会のことを相談す。

（受信）芳沢謙吉

八月二十四日（金曜）　曇　雨　むし暑

朝酒井伯を訪ひ臨時議会のことを話す。

中御門侯を訪ふ。緒方は東の妻を周旋す。子女五人あり、その一人は川辰中の川島。細川護貞と共同、子供三人あり。八日夜近〔アキ〕に宴会にてあひ、陸海軍を別にして平和交渉を進めることを話す。

赤十字病院にて診察して貰ふ。血圧九〇—一七〇。

溝口伯来院。

二時議長来院。首相より（一時半）議会の話あり。時局柄こまると首相は云はるゝも、内心喜しそうなり。

中御門侯来院。

岡部子へ電話（不在）。

古島、後藤文夫、岩村男、小原直へ電話（□□□の件）。

関屋氏来訪。帰途浅野侯を訪ふ。

前田正実氏来訪の由。夜河井氏来訪。

小野寺を灘尾元次官へ使にやる。

溝口伯
　比島行の一行の話に、敵は
一、交通の確保
一、安全の確保
一、慰安設備
を要求せりと云ふ。

山—□の鉱石よりウラニウム二キロ、之に燃填物をまぜて二百五十キロの爆弾にして落す。運搬が困難なり。

（予記）セブ島の日軍と接衝〔ママ〕中（米ラジオ）。

八月二十五日（土曜）　雨後晴
朝河井、内田二氏自動車同乗。
次田氏を訪ふ。
十一時緒方氏を訪ふ。
午后緒方氏より電話。二十八日正午交渉員招待の件。
議長、副議長へ右通知す。
後藤文夫君来院。
（予記）敵軍飛行機大に飛ぶ。
　神の風　少しは吹けよ日本に
　敗戦や　傘さして自動車走らせる

（受信）松子、庸二、保民

八月二十六日（日曜）　嵐　むし暑し

朝前田正実氏来訪。

朝内田、木村と近衛家へ悔に行く。

○時半前田氏を訪ふ。麻雀、勝負なし。

不在中青木千尋（ミルクを頂く）、伊礼君（梨）来訪。

赤沼君を経理学校会計へやる。

（受信）利男へ（松子より）

八月二十七日（月曜）　晴　暑

十時より各派交渉会。十時半終る。

十一時より世話人会。戦後対策委員会設置の件。

池田清君へ電話（海南島に部下あり、相当ひどい目にあひそうだ。自分が勅選になるのは忍びない。）

帰途議長を訪ひ明日の演説原稿を上げる。竹箒を十本上げる。

（受信）渡辺覚造

宇佐美雄彦

松村義一

八月二十八日（火曜）　晴　暑

十時小委員会。古島、浅野と若槻氏のことを接衝（ママ）す。

議長、副議長、次田氏、関屋氏来室。

十二時半首相官邸へ行く。一時より食事。首相、議長挨拶。

二時了る。官邸にて山川、青木と接衝（ママ）す。

瀬古君来室。

小川君、議長の演説よしとほむ。

山崎来訪、酒を一本やる。近にあひしに、陛下及殿下より御言葉ありし故出た、しかし長くはありませんよ、と云へり。

緒方に聖旨奉体決議、帰送将兵に対する感謝決議をする。

質問はなさそうだ。もう一度議会を開き、休戦条約の内容のきまりし後討論して希望ありと話す。開院式のおくれることは政府が発表せしものに非ず、と緒方云ふ。

（受信）父上

八月二十九日（水曜）　晴　暑　朝七時二十八度　夕七時二十九度

浅野、秋田三一、結城安、溝口伯来室

裏松子聯絡に来る。演説者は小委員に任せる。

三瓶と加藤に食事を給す。

井上子来室。近はよく出た、出られぬ筈だ、木戸と共に徳川公を暗殺し、軍、官の野心家と結託して今日を招来したのだ、大東亜戦を始めるときは反対だとしても大責任者だ。

迫水、重光両氏の発令通知。

関屋氏来室。

（発信）父上、松子、石井、小出、橋本辰二郎、岡部史郎

（受信）松子、小出、石井

八月三十日（木曜）　晴　暑

昨夜熟眠す。

十時より小委員会。案文を議す。若槻に頼みたき空気、正式決定は一日なるも、それを若槻氏に頼めとのこと。

浅野、関、松平康昌来訪。

緒方の秘書磯村来訪（正力の犯罪の件）。

緒方官長より電話（佐佐木侯の件）。

古井次官へ伊東への連絡を頼む。

次田氏へ電話。

大村医師に診察して貰ふ。血圧一四六。

議長より電話。

帰途議長を訪ふ。

（発信）稲畑、滝川へ電報

（受信）稲畑、滝川、後藤達也

八月三十一日（金曜）　曇　冷

五時二十五分発伊東行。若槻氏の承諾を得、宮坂同行。

佐佐木侯、田口、次田、浅野、岡、古島、岡部、大河内耕、大河内正、来訪。

「重臣が東条より度々よばれしにより、こちらよりよび返したるときあり。その折私は東条に英米撃滅と云ふが確信ありやと問ひしに、「無し」と答ふ。然るに三日許りしてこの別荘に、東条は英米撃滅の確信なき由、そんな内閣はやめさせてしまへとの投書を受取りたり。自分が問ひしことに対する答弁なりと説明しやることも出来ず、その儘にしたり。所謂重臣会議の言論の洩れること斯の如し。」

貴族院に永く御厄介になっている。老齢で言葉もしはがれて居る。気力もなくて原稿も作れぬ。君が書いてくれてそれを読むならば引受ける。他に希望者あらば何時でもやめる。御心配はいらぬ。

（予記）神の風　ちっとは吹けよ日本に

九月一日（土曜）　曇　雨　寒冷

十時召集成立。

十時二十分より交渉会。案文と説明者を決定する。

十一時より世話人理事会。戦後対策委員会の件。

井上子、小坂武雄、河井昇三郎、次田、山岡、大河内輝、小村侯来室。

緒方氏へ佐佐木侯の件礼に行く。

帰途浅野侯、山川、青木を訪ふ（不在）。

九月二日（日曜）　曇

朝田口君来訪。

（予記）傭機飛ぶ　調印の日や雲低し

九月三日（月曜）　曇

十時渋沢局長の最近の外交事情の話あり。

米記者の拳銃をとる件警務課と終連事務局と接衝〔ママ〕す。

宇山事務官、一、立法、司法部を包む日本官吏に絶対服従を命ずること、二、全般的に軍政をしくこと、三、連合軍将兵に危害を加へたるものを罰する軍律を設くること、四、軍票の使用の命令を出さむ、としおり、外務大臣極力接衝〔ママ〕中。

新聞記者の拳銃をとる件。

寺光書記官司法省の思想検事よりききたり。

沖縄にてには一弗は十円、横浜にては一弗八円。

夜小坂武雄を訪問。アヒルを馳走になる。西沢圭、羽田武嗣郎同席。

（予記）戦争犯罪人（独乙の例）
一、戦争を始めしもの
二、国際法に違反せしもの（捕虜虐待等）
三、人道の敵（猶太人を虐待せしもの）
（日本の場合は比島人を虐待せしもの等）

九月四日（火曜）　曇　暖
十一時開院式。式後、部長理事と交渉員の合同会合にて勅語奉答書を議す。

一時半本会議。若槻氏の演説。物たらざるも、大に拍手起る。島津公のはよきも拍手起らず。

三時松村、次田二氏と川部を訪ひしも不在。

稲畑氏を訪ふ。後伊沢氏を杏雲堂病院に訪ふ。

（予記）昨日接衝〔ママ〕の結果、M司令部より士官を派し記者の拳銃をとることに立合せることに決定。辛じて議会の面目を保持せり。

九月五日（水曜）　晴　曇　暖
不快。亀田力造来訪。松子よりの葡萄を持参す。

十時本会議。中学生ばりの演説。午后賀陽の宮平服にて衆議院傍聴。困ったものなり。大村清一に祝を述ぶ。

松村義一、次田、稲畑、大塚喜平、山崎、加瀬、河瀬子、井上子、斎藤樹、東久世男、来室。

田口氏より砂糖を戴く。

加、二日調印式あり帰りしに、三命令案（軍政、軍律、軍票）を送り来る。重光大に驚き三日朝マに会ひに行く。最も主もなるは一般に軍政を布く件なり。マ及びサはポ宣に反するかなと云ふ。反する所以を力説す。両人は早くはなる。若き中佐頑張る。遂にそれなら案を書いて来てくれと云ふ。

三日夜ＡＢ二案を書く。ＡはＭの顔を立てしもの、Ｂは我方の勝手なもの。重光はＢを持ちて四日再びＭを訪ひ、遂にわれを通す。軍票のことは接衝〔ママ〕中。

九月六日（木曜）　晴

不快。

河井、河原田、宮田氏を同乗、登院。

十一時閉院式。小坂武雄、田島少佐来訪（五百万同胞、軍隊引上の件）。

正午首相官邸茶会。島田下院議長謝辞を述ぶ。

次田氏来院。理髪。四時稲畑氏を訪ふ。砂糖を上げる。

夕刻初台の亀田仮宅を訪ひ、米を貰ふ。

官邸茶会にて大島子に面会、田島少佐の希望を伝ふ。相談の上返事すとのこと。七日河野書記官に今後の取扱を命じおく。

水谷川男来訪、近の居所が毎日かはるので、連絡がとれないてこまる。

首相官邸にて古井君に知事のことを話す。

児玉九一氏より電話。

稲畑氏へ、吾々は日本軍閥に苦しめられた。又米軍閥に苦しめられるのは困る。日本軍閥は個人の生命、財産、貞操はとらぬ。日本軍閥以上だ。吾々は国体護持のため陛下の御命令に従っているのだ。それが出来ぬとなれば別に考へねばならぬ。

（予記）横須賀の替為〔ママ〕相場四円二十五銭（新聞）。

　昼食前議長、副議長に葡萄、昼食の際書記官連に葡萄をやる。

（発信）松子　橋本辰二郎氏

九月七日（金曜）　曇

亀田力造君来訪。葡萄酒、防衛食、乾パンを上げる。

河井氏同乗。議長家職皆川来院。赤池氏来訪（三十五円渡す）。

読売に貴族院改革の記事あり。

警視庁藤井等二名来訪。新聞記事ありたる際につき、貴族院改革につき発言するは混乱を生ずるおそれあるにつき、今日は一切云はずと云ひおく。研究の勅選とある有爵議員なりと云ふ。

溝口伯来室。宮田と明石、大倉の仲間ならむと云ふ。

副議長登院。薬師寺氏より電話（三人明日行くと返事す）。

及川氏、三島良蔵君来訪。関男、東久世男来訪。

二時頃松村義一氏より電話。来客あり明日行けずとのこと。大に迷惑す。次田氏には電話通ぜず。薬師〔ママ〕氏の電話はわからず。水口園をよび拒りをす。

帰途次田氏を訪ひしも不在。

唐沢さんを訪ひしも不在。

東久世男、子、男の補選は見合せになるだらう。宗秩寮総才は選挙のことを知らぬ。詔書を出すのかなーと云ひ居りたり。禁衛府四千名（二大隊）をおく。宮内大臣の下に、次長を置き皇宮警察の隊の事務をさせる。

東京進駐軍は騎兵と戦車兵。

（予記）稲畑氏へ電話（医師によく話しおけり）。

　新聞社大島幹事来る。明日正午ビールを差上げたしとのこと。議長、副議長に厚意だけ伝ふることにす。副議長に話す。議長に電話す。

九月八日（土曜）　晴　暑
福原家令来訪。御肴料を頂く。
正午下院食堂にて新聞記者連より招かる。勝田副議長のみ出席。副議長室に酒井、岡部、山川会合。
二時大池宅を訪ふ。田口、内田と麻雀。（＋）三〇〇〇。

九月九日（日曜）　晴　三一、五
朝利男の友人園木少尉来る。
一日在宅。近公の日米交渉経緯を読む。

九月十日（月曜）　曇　冷
朝塩原時三郎を訪ふ。後議長邸へ礼に行く。
近藤、マ司令部より議会制度につき参考書を求め来りし由。

桐生長工教授来訪。

四時山崎内相を訪ふ（広島、大選挙区（一県一区、減員）、大坪）。

古井は不在。

五時緒方官長を訪ふ（貴院制度調査会を設くるに二説あり。不要説は勅選連、研究会の主流は設くることを希望す。下院一県一区減員。通常会を早く開き解散する方可なり。臨時は十二月上旬の予定の由）。

七時高宮来訪。松山は一日一日と戦々競々としている。塩原、二、三日前東条にあひしに、子供を田舎に財産を分けて逃してやった。夫婦だけ。戦争責任者は自分一人なり。凡ての責任を負ふて、適当の時に考へる。後心配になるのは、一、皇室に衆怨が集らぬやうにすること。二、軍人が赤化せぬこと。関東軍の崩壊は心配にたへぬ。三、庭訓を盛にして学校教育の不足を補ふこと。

（発信）岩波茂雄（悔状）岩波武信（退官に付挨拶）

九月十一日（火曜）　晴　暑
午前中倉の米を乾す。

海保へ酒一本（靴の追加）、河野太郎へ酒一本（本やへくれる）渡す。

逓信院荒川君来院。加瀬へ電話（兼任の件）。

石井記者来室、衆議院では選挙法はあまり変更することを欲せぬ。しかも上院政事は云っている。一県一区は出来ぬらしい。東京を三区にする程度の改正を行ふに止まる。次で第二次改正をすることになるらしい。日政の中には島田、山崎、大麻、中島、前田をそれ〴〵担ぐものがあり、又之等を引込ませよと主張する者も多い。その主張者が三好、川島、津雲、進藤と云ふことになると、又之には反対がある。近が前田にだめだと云ったとか云ふ噂あり。小磯内閣に列した際悧巧すぎた、進退を□したことと伴ひ前田の評判悪し。大麻は前田を離れ中島とタイアップしている。のんとうとも離れて居る。島田は下院議長なるがゆえに総才にされるやうになるやも知れぬ。鳩山は尾崎を顧問に芦田を幹事長に立党すべし。賀川と高野岩三郎と安部磯雄の三名にて最近に日本社会党の招待状を百名の代議士宛出し、次には有馬伯が之に参加し、四名が発起人になりて立党す。

緒方が組閣本部へ入りしとき、近、木戸、小日山の三人にて大体の閣僚の人選を終へおりしと云ふ。

八田嘉明氏来院。

午后今井福太郎。

夜勇さん来訪。食事を共にす。

（受信）藤野英陽（九、六）　橋本辰二郎（九、四）

九月十二日（水曜）　曇

議長来院。

正午世話人理事会。事務局よりは、特に注意し貴族院制度調査にふれざりしに、裏松、八条二子よりふれ来る。

松浦記者、警視庁藤井等来る。制度調査の内容は話さず。

一時より加瀬の外交の話あり。

土岐子よりベーコンを貰ふ。

内田より砂糖を受取る。

溝口伯来訪（総予算を特別議会に提出し得るや。得可し。尚大蔵と打合せたる上申上ぐ可し）

今井五介氏へ電話（不在）。

（予記）戦犯を云って来る（木村より河野へ電話）。

（受信）小阪〔ママ〕武雄（九、九）、重光、高山憲治（七、二一）

九月十三日（木曜）　曇

朝木村来訪。緒方、広田、菊地文部次官、満中佐吉を追加し来る。

古島氏来室。終連事務局のことを昨夜緒方に話す。宮に一任。宮の友人にて何か直接云ふ人あり。

松平前議長邸へ御詣りに行く。夫人に面会、砂糖を上げる。山県公邸へ弔問に行く。

中御門侯と会談。連絡事務局のことを宮様に話して貰ふ。選挙区改正、減員の件。

徳川家正公来室。新聞記事につき、此際種々の問題のあることを米に知らせるのは不可。

徳川頼貞侯来室。長野宅へ電話。賞与を渡す。

原口氏来訪。四日富山より帰京、六日宮様に面会。何時でも来てくれと云はる。皇室の存続と、マッカサーの今後の要求につき心配しておられる。八日アイコバーガー（八軍司令）に面会。近もマにあいたがる。拒られると困ると云ふ。

十二日午前郵船ビルにアイコを訪ふ。三時半以後なら何時でもよいと云ふ。今日は話があると云ったら、二時半にこいと云ふ。話す。明日（即ち今日）五時にあうと云ふ。早速帰って近に都合をきく。今日五時より両人あふことになった。自分が案内してやる。戦犯のことも云ってやる。

貴族院互選議員も総改造要望（読売）。

朝田口君を笠井へ使にやる。

笠井重治より電話、本日の読売の記事は自分がＩＮＳの記者を連れて行ってやったのだ。ＡＰから特派員をしかって来た。

夕刻議長来訪。

近藤の来訪を求め、加瀬と協力さす。

寺光、大蔵省は特別議会に総予算を出し得る考にて準備中。

（予記）九月十三日近とマとあう（後記）。

　原口氏通訳、マレバー大佐。

九月十四日（金曜）
六時二十五分上野発帰長。自動車迎に来らず、厚生車に乗る。十円請求さる。
（利男を遺し、原口氏へ金子伯の書其他を届けしむ。砂糖一貫目賜る。）

九月十五日（土曜）
朝小坂武雄へ電話す。小坂よりジャム。砂糖五百匁やる。

石橋徳作君来訪。笠原十兵衛へ砂糖三百匁やる。

夕刻小坂来訪。青木君の上山田の家へ投石するものある由。

太田耕一郎より鶏一羽送り来る。

九月十六日（日曜）　晴
坂本あんま来る。
夜石井広吉君来訪。

九月十七日（月曜）　曇
夜石井進来訪。後小出来訪。十一時十五分近藤へ電話。
夜井沢政頼来訪。
夜小坂より電話。重光辞任、吉田茂後任の由。

九月十八日（火曜）　大風
午前笠原賢造君来訪。
午后四時小出迎に来る。藤原茂子さんを訪ふ。砂糖五百匁上げる。後安茂里小学校へ行き話をす。

九月十九日（水曜）　快晴
午前笠原より電話。
午后小林和智平、小出親方来訪。

九月二十日（木曜）　晴
午前亀田力造来訪、食事を共にす。赤沼より電話。

美谷島来訪。

美谷島、陸海軍を利用し一番利益を得たるは日本無線と岩崎なり。

日本は五反田に二十万円の会社なりしものが、三千万円（最後には六千万円）になる。岩崎は、主人はラジオ修繕、妻は女塾を経営しおりしもの。二十万円の会社にする。

午后小坂より電話。小坂宅を訪ふ。伊沢多喜男氏に面会の為めなり。岩波茂雄氏を見舞ふ。

小池博士来訪。後笠原十兵衛氏宅へ招かる。小坂武雄同席。枝豆、蓮根くるみあへ、吸物（鶏、松茸）、鶏カツレツ、バーフ〔ママ〕ステーキ、キャベツ巻、精進揚、切りいか、味噌汁（ふ）、漬物、豆腐あんかけ、鰹煮付、鰊こぶ巻。
夜石井さん来訪。
（予記）信毎に首相談。
　貴族院権限縮少の意見あり。

九月二十一日（金曜）　晴
朝笠原君へ社の電話す。
午前善光寺に詣で、母上と正の冥福を祈る。
後郵便局、田辺正、小坂武雄、赤十字病院（高野と伊藤）、小池、松本忠雄（不在）を訪ふ。

九月二十二日（土曜）　曇　夜雨
六時八分長野発帰京。一時間延着。
近藤、河野より報告をきく。
夕刻近藤来、お萩とケーキをやる。
夜赤沼（近藤よりの薬持参）、勇さん来る。

アトロピン丸就寝前　一粒
　又はアヂホリン○、三　バルビタール○、二　一包
（留守中来書、飯島、長谷川瀏、佐藤忠雄、伊沢氏、滝川氏、矢島武、岩波武信、嘉陽安春、丸山鼎吉より来書）
伊沢多喜男、滝川儀作（二通）

九月二十三日（日曜）　曇　雨　二十三度（夜）
原田氏を訪ふ、十三日五時近とマ司令部を訪ふ。玄関にカーチス大尉あり、自分よりも日本語の上手な人がおるから（マレバーのことならむ）と云ふので、近と二人で行く。マは入口へ来て握手する。（近があとで、今日は少し敬意を表しましたねと云ふ。重光が始めて訪問せしときは、始めには握手もせず帰りにだけ握手せりと云ふ。）
始め近は軍閥が抜跪せしは青年軍人の間に共産主義が行はれ始めしにあると云へり。マ大佐の日本語まづし。近はマの云ふことは少しは判るらしい。そこで気が付

き、あとはマの意見を伺ひたしと云ふ。マは卓をたたいて、一、軍閥の一掃、二、婦人賛成権〔ママ〕の問題を述ぶ。近及東久宮〔ママ〕は一、天皇の責任を追及されること、二、之以上日本に対し圧力を加へられては堪らぬと考へおれり。この問題には当日はふれず、又面会することとなる。十五日の東久邇宮のマと面会せしは、緒方の説明によれば新聞記者の仲介なりと云ふ。軍令部はパールハーバー攻撃は少数のもの以外は知らずとの記述をつづりおれり。

十三日夕刻、近は米国干係の実業人浅野良三等が集るが行かぬかと云ふが如きことを云ひしも、それは結構ですが自分は他に約束ある故拒ると云ふ。松本健次郎は、緒方は以前より東久邇宮と関係ありと云ふ。

マの政治幕僚長フェラースは軍医部長ハッターと共に在米中来訪せし人なる旨、先方より申出でたり。

陛下がマ元帥を訪問される話が進みおれり。自分は之以上米の圧迫の加はることなかるべきにより、不要なりと考へおれり。

アイコバーガーはマが無血占領は前世未曽有のことなりと云ひおれりと云ふ。一年位とアイコは云ふ。独断には非るべし。米の戦費は制限される故大建築などせぬ。

午后小坂順造氏を玉川に訪ふ。砂糖五百匁上げる。

UPの社長が陛下に拝謁を願出、許可ありし由。但しパールハーバーのことを事前に知れりやとの質問に、如何に答ふべきや頭をしぼりつつありと云ふ。

原口氏と相談。原則として宮の内閣は反対。反乱を起さずに済みしを機に、一刻も早く退陣を希望す。しかし政治教育の普及し居らざる日本人に対し、一回の選挙にて多数を得し者に内閣を渡すことは、従来のボスに政治をやらすことになる故、ステップバイステップにて選挙法を改正し、二、三回総選挙を行ひたる後多数を得たるものに内閣を渡すを可とす。それには例のものを清掃すること、小数〔ママ〕内閣を作ることを前提とす。

一度の選挙にては在郷軍人会等は解体直後の為め尚勢

力を縦にすべく、真の民意は代表出来ざるべし。

九月二十四日（月曜）　晴

朝議長を訪ふ。アレキサンドリアマスコットを上ぐ。

飯沢氏を訪ふ。

関男、西大路子、及川氏、原口氏、水谷川男来訪。

水谷川、支那公使より、支那側の希望もあり至急上海へ来て貰いたいとの電報ありて、謝罪使のことは今より一年半乃至一年前、支那側並に自分等が話したること。現実突〔アキ〕にして話の出たるは、田村真作辺より出たることとなるべし。現内閣に対し退陣すべしとの議喧々たり。聞かずや。近がマと会ひしも、通訳が不十分なりしため十分なる話をなし得ず。マはおしゃれな奴だと近は云ふ。

来月二日京都で母葬儀。近も行く。しかし喪主なる故立っておらねばならぬ。危険。自分が代理するかもしれぬ。

及川、三井家の株を放出する意味に解し居れり。原口、小幡〔ママ〕は慎重なり。軍閥の抜扈するに至りしは、青年将校の間にコンミュニズムの入り来りしこと、幕僚ファッショの行はるゝに至りしこと、将校の待遇悪しきため戦をするに至りしことを指摘するも、如何なる人が幕僚ファッショなるやをマの陣営に知らせることには反対せり。自分は知らせる必要ありと云ふ。

陛下は何故日米開戦を阻止せられざりしやとの質問に対しては、素質は平和の愛好者なるも、人格未完成。四年の苦労の結果人格完成せられしものと考ふと答ふることに合意成立す。

マに日本刀を保存することを許すことを提議さすれば、親善上よからむと進言す。

加瀬来る。五百円やる。

議会のことにつきては、マ司令部より何も云ひ来らず。駐兵費は日本の負担。取極はなし。先方がそう云ふだけ。

紐育タイムスの記者が明日午前十時陛下に拝謁す。パールハーバー攻撃の時間を事前に知れりやとの質問に対する答弁を伝るに苦心せり。時間は知られずと云ふ答なり。パールハーバー攻撃は知って居られた、宣戦布告なしに攻撃せしことがけしからんと云ふ米の云ひ分なり。従って何時に攻撃すると云ふことを知られなければ、天皇の責任はなくなるわけなり。

ニウヨークヘラルドのカーターが、本社よりしからる。宮内省はニューヨークタイムスの方は近衛の紹介故面ふと云ふ。近二、三日許り接衝〔ママ〕せしも、際限がないとの理由により紹介を承知せず。カーターはよき男なり。タイムス（毎日に当る）を味方にするも、ヘラルド（カーター、朝日に当る）を敵にするは不利なり。徳川議長と面会。終戦事務局は外務省の外局にきまる。総才は池田成彬（近衛の推薦）、然るに近、首のマックアーサー訪問は、重光に事前に相談なしに行はる。近は事後報告をなせしも、首は事後にも何も云はず。重光だけの折衝にては不安と云ふ意味か。重は外交一元化の立前〔ママ〕より反対。緒方が重光を閣外に放逐せんと根強く考て居ると考へ居れり。即ち小磯のとき稟をつれ来りしに対し正面より反対せしは、重光の（小磯と情報局総才の緒方は明稟(ひん)をかつぐ）帰へすと云ふことの決定せし後。緒方は明稟を東久邇宮にあはせたり。重光は、戦争に関係せし者は、又出るとしても之一応全部引こむを可とする旨を首相に進言す。即ち内閣総辞職をほのめかす。

近にあいしに、重は緒方が根づよく重に反対しおると思ひ込みおる様子なりとて、それが事実に反するとは云はず。近は重光の主張の如くんば首相宮を除き皆退陣せざる可らずと云ふ。

近も首も自分が戦争犯罪人にならぬ様了解を求めに行きしものなるべし。

近がロシアへ使にゆくことは七月十日の重臣会議で決定、十三日ロシアへ申込む。十四日よりポッツダム会談に出かけ、爾来返事なし。条件呈示を求め来りしことは全然なし。保障占領は或は半年で済むやもしれぬ。しかし監督機関は存置される。

赤沼を経理学校へやる（小平村の土地の件）。

橋本警保局長より電話。警察制度改善調査委員として山岡、次田、太田耕、唐沢、横山、藤沼、松坂、橋本伯、顧問として河原田、吉田茂をとりたきに付心配してくれとのこと。

（予記）二十四日夜十時四十五分（ハワイ放送）

「戦争犯罪人に就て」解説放送。「阿部信行大将に逮捕命令が出されました。朝鮮に於ける虐政の責任を問はれるでせう。」

（受信）大島健一氏

九月二十五日（火曜）　晴

利男埼玉県へ出張。

赤沼来訪。木村君来院。貴革は衆議院の希望也。

関男、肝付男、山崎君、次田氏来訪。

関男、宮さんは近の云ふ通りになる。

次田、近や首のマにあいしは、自己釈明の為め。媚態は見るに忍びず。今日米人記者二組（午后はUPの社長、茶を賜はる。石渡辺りの考ならむ）陛下に拝謁。之は近が周旋せしもの。米は陛下が真珠湾に関係あるや否やを知らむと努めおるなり。その際陛下に米人とあはせる如きは不忠の極なり。一度の選挙にては、軍閥が出るやも知れず。選挙の後相不変の代議士が出なば、又解散するを可とす。

橋本警保局長は解造〔ママ〕や中央公論を廃刑〔ママ〕せしめし男。来月十五日陸軍の解体頃政変あらむと云ふ。近衛内閣を予想しおれり。内相が地方総監を廃すと云ひ、閣議が生鮮食糧の統制を廃すと云ひ、津島が資金統制令を廃すと云ひて、更に之を取消す如き、此の内閣が長くなきことを予想せる官僚が反対の為め、実現出来ず。政府の無力驚くに堪へず。官吏反対せば辞職願をとるべきものなり。宮相の勇退を望む。

次、又は次の内閣は幣原男がよし。かくて傷のつかざる人の出馬を希望す。伊沢に話し若槻、近衛に話すことを頼みしも、伊沢は、若はイニシアチーブをとらざるべく、近もどうか判らぬと云ふ。再考と尽力を希望しおきたり。幣原ならば外人記者に対し東条等何を云はうが、それを基にして質問して来ても反撃できる。宮様では入れ智恵故反撃出来ず。東条等は苦しまぎれに天皇の御迷惑になることを云ふやも知れず。橋本の話によれば、陸海軍の所有の一切の物の表をつくり来月十五日迄に出すことになっている、衣糧品は戦災者に与へ、大砲等は鋳つぶして復興材料にあてることを許すことになる、しかし之はマ司令部の発表する迄は極秘にして貰ひたい。反対の起るおそれがあるからである、と云ふ。軍人の物や金を分取りせし人々は慚愧に不堪るべし。

山崎、天皇の退位は十五日頃なりと云ふ。

木村、同盟の外に朝日、毎日、読売とAP辺りに出資させ、一の通信社を作ることとなるらしい。池田成彬の連絡事務局長官たることをマは止め来れり。愉快々々。松平伯夫人より南原使に来る。

古井次官より電話（五日午后五時半招待の件、稲田男を加へしこと）。

帰途山岡氏を訪ひ委員のことを話す（風邪臥床中）。

赤沼を東部軍経理部及陸軍経理学校へやる。

（発信）比島協会（役員辞任届）

（受信）比島協会

九月二十六日（水曜）　晴　冷

赤沼、内田来る。水谷川男（不在）を訪ひ、砂糖三百匁上げる。

家正公、佐佐木侯、東久世男来室。

家正公、近は近頃細いこと迄心配しすぎる。もっとどっしりして、外人記者等もよいのも悪いのもあるから、宮様にあはせぬ様する方がよい。重光に対する緒方等の排斥は相当根強し。マより金を貰ひしと云ふ。

小坂武雄、渡辺伯、大河内子来室。

三時半石渡宮相を訪ふ。

APと紐育ヘラルドトリビューンのことは陛下も御心配あらせらる。

河相も是非と云ひしも、吉田外相がきりがないからとて反対。

本日高松宮に五人許り拝謁。茶菓を賜り、外務省側は満足せりと云ふ。高松宮は自分になどあって満足するものかと云はれたり。

太田耕造君を訪ひ（不在）、委員のことを伝言を依頼す。

（予記）**Frank Kelly**

New York Herald Tribune

（発信）丸山鼎吉

九月二十七日（木曜）　曇

朝原口氏を訪ひ、開戦に対する陛下の御態度の説明を修正す。

利男長野へ帰る。

天皇は統治すれども政治せず（英と同じ）と考へておられる。アブソリュートモナキーでなく、コンスチチューショナルモナキーである。政府の閣議決定せしことは総て御採納あらせらる。開戦は東条内閣が決定して来た故御採納あらせらる。終戦は閣議決定せず御聖断を仰ぎたる故終戦の御裁断ありしものなり。十二、三日頃石渡に対し、朕は終戦にもってゆくやうに努力しているがどうなるか判らぬ、「従って自分もどうなるか判らぬ」、皇太后陛下の軽井沢へ行かれる前に今一度御目にかゝりたい、と云はれたり。閣議が戦争継続と決定して来れば、それに従はれたるものと拝察せらる。

退位と赤化、数週間内に重大事件おこる。反乱の起るを希望するはけしからん。

生鮮食糧の配給に檻検は当らず。ＡＰと紐育ヘラルドトリビューンのこと。

（予記）午前十時陛下マカサを訪問せらる。御気毒に不堪。三十五分辞去せらる。

（予記）関、古島氏、水谷川、太田、副議長来室の由。

九月二十八日（金曜）　雨　朝十八度

三瓶を菅沢氏の処へ野菜貰ひにやる。

午后登院。酒井伯へ電話。古井次官（不在）へ電話

研　五　伯溝口、林伯、児玉伯、岡部子、八条子、大河内正子、伊東子、山川、結城豊太郎、関屋、堀切善次郎、長、結城安次、滝川、米原

同成　一　次田、入江

公正　二　矢吹、東郷、松岡、東久世、飯田

交友　一　古島、水野錬、長岡隆一郎

同和　一　小原、田所

火曜　一　細川、佐佐木、一条、家正、浅野大隈、松平康昌(之は宮内祭政官)

無所属一　松本烝治、大野、太田、後藤文夫

大村君へ電話。佐藤基君へ電話。

二時次田氏と川部氏を訪ひ麻雀。(十)五九〇〇。

緒、臨時議会開会の予定はつかざるも、戦時法規の廃止等の為め開くに至るやもしれず。議会制度調査会は臨時議会とは全く関係なく進めたし。審議の範囲は憲法変更にはふれざる予定なるも、途中マカサー陣営より何を云ひ来るや不明。そのときは考へる。

(五日の件)。

内閣書記官長より電話。議会制度調査会の委員候補者のこと。溝口伯へ電話(不在)。

入江参事官へ電話(高橋事務官任用の件)。

帰途議長を訪ふ。

更に飯田男を訪ふ。

前田君より電話。帰途訪ふ。高宮と麻雀。(十)七七〇〇。

溝口伯より前田邸へ電話あり、明日九時半面会を約す。

九月二十九日(土曜)　曇

中御門侯、溝口伯、次田氏、古島氏来室。

十時世話人会。貴族院制度調査委員会(三十名)、機熟せるにより(八条子発言)設置すること。正式には三日世話人理事会を開き決定すること。

副議長、続いて議長登院。

緒方氏を訪ふ(〇時半)。

緒方へ推薦せし顔触れ

次、来月十五日復員完了をまちて内閣更迭の予定なるも、それ迄もたざるやもしれず。幣原男に木戸も近衛をいや〳〵乍ら同意せり。古島、斎藤隆夫を国務相に予定。

(予記)夜十時五分世界ニュース(ハワイ放送)

「AP記者は二十四日木戸内大臣と会見した。木戸氏はAP記者に次のやうに語りました。即ち「日本開戦の前ルーズベルト大統領から天皇陛下に宛てた親書二通は、陛下のお手許に届いたが、宮中顧問官等が陛下の御意思を抑へたので、陛下は開戦への道を採られた」と。此の親書が陛下の御手許まで達せられたか途中で握り潰されたかは、アメリカで今日まで疑問とせられて居たのでありました。又昭和十九年某月日本兵の暴行に対する抗議書がアメリカから差出されましたが、此の文書も陛下は御覧になったと木戸内大臣は語りました。しかし此の抗議に基いて陛下が軍部其他に何等かの命令を出されたかどうかに就ては、木戸氏は何事も確言致しませんでした」。

九月三十日(日曜) 晴 夜二十五度

朝高辻君、内田君、青木千尋君来訪。

二時内田君を訪ふ。三時田村博士を訪ふ。

後内田君宅にて麻雀。(二)二〇〇〇。

田、東久邇宮、近を蒋より倫敦の戦争犯罪人調査委員会へ要求せしものなるべし。

十月一日(月曜) 晴 夜二十四度

内田君来訪。

中御門侯、有吉氏、伊江男、羽田代議士、松山詮一郎、関男、浅野侯、池田侯、小村侯、次田氏、平塚氏、東久世男、村瀬君来訪。

帰途坂野司法次官(飯島のことを頼む)、大村文部次官、河相外務次官(不在)を訪ふ。下村宏氏より伝言。徳川議長へ電話。有吉氏の伝言を伝ふ。

近藤をして田島少佐に電話せしむ。暁部隊は方々にある故、省略せしもの隊名変更せしに非ずとのこと。
中、次は幣原男か。
伊、次は幣原男か。
伊沢氏より伊礼に激励の言葉あり。
（予記）
伊江男
あまりにも明治の御代のいみじさに
今日も維新史くりかへしよむ
いかにせむ大き帝の御偉業
たゞうたかたと消えうせぬとは
（発信）斎藤わか子（弔詞）

十月二日（火曜）曇
東久世男、肝付男、徳川宗敬伯来訪。

下村宏氏、松平頼義子来訪。

古井より電話。議長、副議長へ電話（変更の件）。

三時半伊沢多喜男氏を杏雲堂に見舞ふ。

近衛は不信な男だ。求むる処があっては一日もつきあいは出来ぬ。求むるためには内田信也の如く妾の世話でもしなければいかぬ。自分は華冑界の名家の出なる彼を盛立てるために求むる処なくつきあっている。

伊沢は終始軍閥と戦ったことを宣伝して貰ひたい（二二六事件の残されたる被害者、一木、後藤、伊沢）。

キャビネットメーカーとしてマ陣営の信頼を得るため。
□□の日本タイムス二面、延安政権は、近衛公の如き第一等の犯罪人は罰せられねばならぬ、彼が第一回の犯人名簿にのって居ないのは驚く可きことだと云ふ。
下村、乙酉会の決定、一、皇族議員をやめること（高松宮は、皇族の代表者が貴族院の委員会へ出て、退くと云ふことを発言しやうと云はる）、二、減員、三、公侯爵の互選、四、勅選の任期（七年）、五、地方議員（多額と職能代表）。

（予記）退陣を希望す。後任難。

利男の帰郷大賛成。

塩原に対しては相当非難するものあり。

（発信）松子、保民
松山詮一郎

飯島直一
長谷川瀏
（受信）小阪〔ママ〕より信毎二枚
加瀬
小□〔ヨゴレ〕村役場

十月三日（水曜）　嵐　夜二十七、五

朝徳川議長を訪ふ。石鹸を上げる。

下村氏の件酒井伯に頼む要なし、近日帰京次第話す。

酒井伯、中御門侯、及川氏、西田君、関男、裏松子、山口憲午、梅津元守衛副長来訪。村瀬君より電話（委員の顔触れ）。

十時半より世話人理事会。

四時吉家氏を訪ふ。原安三郎（日本火薬会社々長、早稲田出身、山条の孤分〔ママ〕、嘗て松岡が己が内閣を組織したら岸は商工大臣、原は大蔵大臣、と云ひしに、客分ならばよいが拒ると云ひしと云ふ）。

近藤に古島氏の語りし処によれば、宮様グープ〔ママ〕、近衛グループ、緒方グループありて、互に親分を擁して争ひつつあり。新聞記者と宮様の会見は宮様グループの計画、陛下のマ元帥訪問は近のグループの計画。何れも他は知らず、答弁の準備も出来ず。

帰途議長を訪問し、世話人理事会の決定事項、村瀬君よりの電話のことを報告す。関男のことを話す。

宇山、終戦事務局には近、東久邇のこと通知なし。倫敦の委員会よりトルーマンに報告、トルーマンが決定してマカサーに命令する。

（予記）西田君よりチースを貰ふ。梅津君より牛肉。人の情の難有さを知る。副議長にチース半分上げる。

（予記）副総裁　佐佐木侯
委　員　細川、林、八条、大河内正敏、松岡男、矢吹男、古島、小原、次田、松本烝治、堀切善次郎、結城安次、水野錬太郎、石黒忠篤、小林

（受信）朴重陽
山崎内相

十月四日（木曜）　雨　暖

次田、河井、小山邦太郎、原口の諸氏来訪。

次田氏一時半、原口氏二時宮様に面会。

次、無血武装解隊の成功は全く宮様のおかげで、他の者には出来ない処である。もう一つ宮様でなければ出来ないことがある。蓮沼武官長が帯剱を叛軍にとられて今尚恬然としてその位置にある、之は宮内省の空気が腐って居るからである、木戸、石渡辺りをマ陣営で問題にしていると云ふ噂をきく。禁衛府五千人（費用年一千万円、長官は近衛師団長、皇室費は四百五十万円）に対し、米は不快に思ひおる由。早くやめねば、マ陣営より要求されるが如きことあらば、天皇陛下に影響を及ぼすおそれあり。早くやめた方がよい。之は宮様以外には出来ぬ、と云ふ。

宮、木戸、石渡は責任を感じてやめたいと云って居るが、その時期は適当なとき迄待ってくれ、と云ふ。

次、適当な時期と云ふには相当の理由もあることと思ふから、よくおききになるがよい。しかしおくれればおくれる程陛下の御為にならぬと思ふ。

宮、よく承知した。何か考があったら何時でも云って貰いたい。

原、法制局長官、内閣書記官長に、十一月臨時議会を開き解散、一月総選挙のやう申しおきたり、多数の党に引継ぐ予定なり、との御話あり。よき政党のできる迄度々解散してその間、首相たることを可とすと云ひしに、マカサーにあいしときもそう云ひおいたりと云はる。それではマカサーにあいその方針で進めるやうにしたいと云ひしに、マカサーに東がそう云って居たと云ってもよいと云はれたり。木戸のことを首相に云はう。

（予記）夜の時事解説にて、三国同盟の責任者が政府の要位に居ることは不可と云ふ。

（発信）庸二

（受信）岡部史郎

　　　　滝川儀作

十月五日（金曜）　雨

十一時半登院。

関男、河井氏来室。

次田氏より電話、内閣総辞職。議長、副議長へ電話す。

西島君へ電話。外相がマカサーを訪問する。

緒方より勅選の欠員をきき来る。こうなってはどうにも出来ぬ。

二時より大池、関、内田来訪、麻雀。近藤より勅選補充を報告し来る。大池急遽帰る。大池の為めに喜ぶ。

勅選、津島、小日山、大木、伊藤述史、松本健次郎、豊田の六人。嗚呼。

西、九月十六日延安政権よりマ司令部へ要求し来りし戦争犯罪人、

　満州事変関係　荒木、本庄、土肥原、東条、杉山

支那事変　山田乙三、岡村寧二、畑、下村定、寺内、米内、西尾、山下奉文、閑院宮、伏見宮、近衛、平沼、東久邇宮、朝香宮、松井石根、南次郎、宇垣一成

実業界　藤原銀、郷古、古田俊之助、中島智〔ママ〕久平　鮎川　大河内正敏

外交官　有田　松岡　白鳥　大島浩

財政　青木一男　石渡

其の他　後藤文夫　橋本欣五郎　徳富蘇峯

十月六日（土曜）　曇

朝原口氏を訪ふ。

議長登院の由。津島寿一君登院。正副議長へ電話す。

小山邦、大塚喜平来院。

前田君より葡萄。大木に面会。

西島君へ電話（〇時半幣原参内、一時四十五分退出）。

次田氏へ電話（幣原男へ降下）。日本クラブに迎へ、外相官邸へ送る。

及川へ電話。

川部氏へ電話。

山崎内相秘書へ電話、風邪の為め今夜欠席。正副議長へも通ぜしむ。

十月七日（日曜）　快晴　暖

朝正の墓に詣ず。コスモス二、三本、野菊数本咲けり。鶏頭は豆盆栽式のものになる。

次田氏へ電話すれどもかからず。近藤を介し用事の有無を問ふ。別に用なき様子につき自宅引籠りに決す。

木村君来訪。

川西、川部二氏来る。前田中将を誘ひしも不在。

（二）五六〇〇。

塩原時三郎、篠原某、関男、入内島（栗を貰ふ）来訪。

ラジオにて次田氏書記官長の由聞く。

午后利男帰京す。

赤沼、小平町役場へ行く。地代を受取るため。

　百九十一円四十二銭　但畑一反、山林四反七畝六歩

　（昭和二十年一月より八月迄八ケ月分）

　　畑、山林共一反に付四十八円也の割

十月八日（月曜）　曇　雨　二十一度

二時登院（往路議長邸へ行き葡萄、林檎を差上げる）。

正副議長登院の由。

関男、山崎、石井、関屋氏、結城安次、安岡来院。

内田より副議長の伝言をきく。

鳩山、安藤、牧野良三、星島、植原、矢野庄太郎、河野一郎、重政、菊地寛

島田―子分なし

○中島―小笠原、東郷、木暮武太夫、八角、宮沢裕

○町田―松村謙三、中井川、田中武雄、勝、斎藤隆夫、一宮房

○桜内―桜井、……宇垣大将

○山崎

○前田―三好栄之〔ママ〕、勝田永吉、川崎末

　（窪井、松田竹千代、中島弥、野田、岸田、高橋守平、田子一、小平、三浦、太田正孝、西方、清瀬、真藤、長野護〔ママ〕、真崎勝）

津雲は三好等に近づかんとするも余り歓迎されず
○大麻
○金光—今井健彦、松村光三、川島、鶴、中谷武世
金光、桜井、内田信也—近衛をかつぐ
（受信）飯島
　佐佐木
　滝川
〔編者注〕八日の記載中には下記のような矢印が記されている。①「島田」から「中島」「三好」へ。②「山崎」「前田」「大麻」から「三好」へ③「金光」から「三好」へ

十月九日（火曜）　曇　雨　暖

塩原来訪。次田氏に面会したし。
議長を訪ふ。近衛が居らざりしため面会出来ずとのことなりし故、宮様に頼み幣原男に引継を乞ふ旨を依頼す。
西田尚元来院。立候補。
議長来院。十時半宮様は出かける故今ならよろしとのことにて参邸御願せしに、そんなことなら何でもないことであった、しかし事務引継は事項なき故特にせず、幣原にあへば頼んでおくとのこと。次田氏と連絡をとりてあひたしとのこと。
家正公来院。立川市長三浦碌郎氏来訪。杏雲堂へ電話。
午后一時稲畑氏を支店に訪ふ。サッカリンを頂く。
原口氏来院。靴を頂く。
東久世男（昨日議長、副議長に別々に話したり。何れも賛成なるも、やめられると困るとのこと。しかし確定故安心せよ）。桑原鶴来訪。
稲畑氏
公債千二百億
　特殊預金、補償金等三千八百億
　合計五千億
　日本の財産は戦前二千五百億円
（受信）坂野千里

十月十日（水曜）　雨

中御門侯、東久世男、田所、古島氏、沢田竹二郎、河原田稼吉、伊藤述史、青木一男、原口初太郎、下条、小日山直登来院。

十時貴族院制度委員会。

一時河原田氏と次田官長を訪ふ。明日中に決定、明後日返事す。

次田氏、緒方に何故衆議院官長だけしたかとききしに、予てより衆議院議長より大木を親任待遇にして貰ひたい、もし出来れば勅選にして貰ひたいとの要求ありしによりしてやりたり、貴院議長よりはその要求なき故しなかった、との返事なり。

明日十一時首相都合よき故、議長の来訪を望む。森岡京平を内閣属にしたし。塩原明日一時、原口氏二時。

大村君を訪ひ、長谷川書記官のことを頼む。

稲畑氏より電話。随員の証明書の件。

次田氏より、臨時閣議あるにつき明後日二時と三時に願ひたし、と変更し来る。

古島氏と語る。

八十一の老人が入ることは困る。しかし拒ったとなると傷つく故、見通しをきかれたと云ふことにしておいた。吉田はわしの入閣を引受けたと云っていたので、拒られては困ると云った。

（発信）松子

十月十一日（木曜）　大嵐　寒

朝庸二帰還の夢を見る。

八時二十分信濃町発九時二十五分（実際は三十六分）、千葉発鴨川行。

吉家氏同行。遠州やにて食事。吾妻館に宿す。

十月十二日（金曜）　快晴

朝四時五十五分鴨川発帰京。九時半御茶水着。

散髪。大池へ祝に行く。小山邦氏に面会。

河原田、木村、塩原、大河内、伊礼諸氏来訪。

議長より電話。東久邇宮にまた面会する予定なり。

四時半内閣に次田氏を訪ふ。大河内子同行。原口氏に面会す。

六時笠原を訪ふ。小坂同席。塩原、増子豊も同席。

帰途塩原を自宅に送り帰宅す。

近の内府入は政府に干係なし。憲法改正のためと云ふ噂ありし故、御退位などの疑を起さしむるおそれあるにより、憲法改正云々のことは云はぬやうにと要求せしに発表し、尚今日は相談相手の学者の名前迄発表せりと云ふ。

新聞にて近衛公の内府入りが発表せらる。

回答

一、議会制度審議会は廃止

二、改正案は臨時議会には提出せず

三、特別議会に提出す

四、独自の案、審議会を設けず

五、憲法にふるゝや否やは回答留保

（予記）秋晴や　破れし国の何のその

（受信）大河内子、郡山、長谷川瀏、伊江男

十月十三日（土曜）　晴

朝木村君来訪。

河原田氏を訪ふ。坂次官、川西君を訪ふ。

岡氏、浅野侯、関男、及川氏、大河内子、阿部老人、佐藤喜四郎君来訪。池田重雄へ電話（堀田宅の件）。

四時大池、岡、内田来訪、麻雀。高辻君も来る。

阿部、庸二の隊は何処にいるか不明。

及川氏へ利男の履歴書を渡す。

近衛内閣のとき陛下は、風見は赤なりとの噂あるも如何にとの御下問あり、近は、その然らざる所以を説明せり。しかし困りたりと云ふ。三輪寿壮等今度風見を迎へに行きしも、支那事変の責任を感じて出て来ず。

憲法会議が衆議院選挙法改正よりも前になると思ふ。

（予記）憲法の改正　近衛公、佐々木博士ら早急に草案を作成（朝日）

人権確保に五大改革　憲法の自由主義化　マ元帥政府に要求（朝日）

選挙法改正案大綱　十六日の閣議で決定（朝日）

（受信）小日山直登（調査会の所属部の件）

十月十四日（日曜）　晴

腸悪し。

原口氏を訪ふ。表部隆君あり。

昨年近公を荻外荘に訪ひしとき、第三次内閣の末期島田と東条をこの室に招き開戦の是非につき協議せしに、東条は飽迄開戦を主張し、島田は之に反対。結局島田は首相に一任すと云ふことになり、責任を自分に課せるにより、内閣を投け出したりと云ふ。

よきことだけ自分がとり、悪きことは責任をとらぬのは悪し。

憲法改正の如きは内大臣府秘かにすべきことなり。マの意思を忖度迎合して自分の一身の安堵のため陛下を犠牲にするは不忠なり。次田君は先日、もし退位をさせ皇太子を立て南北朝になるが如きことあらば、自分は今上天皇陛下の御味方になると云へり。幣原男よりも次田氏の方が官僚臭味はあれどスケール大なり。

平沼、近、木は一応責任をとる可きものなり。憲法改正、天皇の退位により自分が責任を免れむとするは不忠至極なり。

（予記）男女とも満二十才に選挙権（朝日）

改正憲法に於ては内閣、議会にのみ責任　近衛公米記者に語る（朝日）

十月十五日（月曜）　快晴　二十二度

塩原君、木村君来訪。引籠。

美谷島三郎の使、大橋俊治来訪。ラジオを渡す。松子より送付の林檎持参す。

（予記）民主政治を阻んだ憲法解釈の誤り　美濃部博士（憲法改正不要）（朝日）

松本国務相を主任　憲法改正慎重研究　内大臣府とも連絡（毎日）

（受信）杉山銑一郎

岩田宙造
高橋梅子

十月十六日（火曜）　晴　暖

朝議長を訪ひ林檎を差上げる。

関屋氏より電話（憲法改正の件）。

関男、木村進、副議長、溝口伯、原口氏、古井君来訪。

木村、幣原はMにあひしに、四条項を実行するに必要ならば憲法改正をせよと云ふ。即ち憲法改正を第二義的に考へて居るが、近は、米の与論はそれでは承知せず、命令で憲法の改正を要求し来るおそれあるにより、内府に入り憲法改正に着手せしなり。現在の憲法にて運営により軍閥の再抬頭を抑へ得ることを説明し得れば差支なきも、困難なる故憲法を改正して米に納得させんとするもの也。

議長、近は物事を急がぬ人なり。内府で憲法改正案を練ると云ふのは木戸の考か。

酒井、内府で憲法改正を立案するは近、木の失敗。近□〔ヨゴレ〕に対する世間の非難は本人が思っている以上なり。一時引こみ責任をとることが必要なり。華族は一人やめるべきものに非ず。やめるなら皆一緒にやめる方がよい。

（予記）憲法精神に反す内大臣府の審議　政府は一元
　事に当れ　宮沢俊義　蝋山政道（毎日）

十月十七日（水曜）　晴

山崎巌（不在）、後藤達也　加藤正造諸氏を訪ふ。

次田氏を訪ひ砂糖、林檎を上げる。

十一月臨時議会説は根拠なし。同盟より出でたるもの。聞きに来りし記者には無根なることを話しおきたり。

十月十八日（木曜）　曇

大掃除。三瓶に手伝って貰ふ。朝副議長を訪ひ石鹸を上げる。

正副議長、中御門侯、大河内子、及川君、原口氏、木村来室。午前十時貴族院制度調査委員会。暫く休業に決す。

中、内大臣府の憲法改正はいかぬ。木戸の責任。

大河内子、木戸にあい内大臣府のやることは皇室典範と限定させやうと思ふ。敗戦の責任者たる責任をとることに妨げなきやと疑はれしにつき、内閣へ相談されたしと云ひおけり。

原口氏、林檎を上げる（アイコバーガー）。

関屋氏がフェーラスによばれ、開戦に関する陛下の責任につききかる。無責任を話せしに、側近のものは責任をとるべきものなりと云へりと云ふ。

（予記）近衛公談（朝日）

　瀬古君よりあじのおひらき。

　寺田よりビスケット。

　何もかも皆正ちゃんに供へけり。

（受信）小坂美子、小林の連署はがき

十月十九日（金曜）　曇

唐沢さん来訪。

土岐、中御門侯、大谷君、毎日の久保田、佐藤、西尾子来室。

中、近衛はおいつめられた。戦争責任を負ひ爵位、勲等、位階を返上すべきもの也。但し文隆に爵を賜はることとすべし（石渡と予め打合す必要あり）。一旦責任をとりたる後政党の総才に出るなり何なりは自由なり。

坂君へ電話（知事の件）。

堀切内相より電話（速記の件）。

（予記）本来の民主性回復　宮沢博士（毎日）

　志賀義雄の放送、吾等はソ聯の援助を受けず、受けたりと云ふは米蘇をさく為めの言なり、と云ふ。こんな奴は真の非国民なり。

十月二十日（土曜）　曇

朝飯沼、吉家を訪ひしも不在。池田重雄を訪ふ。

田中運通大臣、松村農林大臣へ祝に行く。

中御門侯来室。牛肉をいただく。

井上子来訪。松本国務相はなるべく憲法は改正したくなしと云ふ考なり。憲法の資料を近には見せたくなし。三時次田氏を訪ふ。お萩を頂く。大池を訪ふ。田口氏を渋谷駅に送る。

帰途議長を訪ふ。沢庵を頂く。

大池、憲法研究委員会にての大多数の空気は、近は勅命を受けたらば之を内閣に知らせ、内閣に研究を委ぬべきものなり、伊藤公のときは憲法の出来ざるときなり、憲法のある今日、輔弼の責ある内閣がすべきことを近がやるは越権なり、と云ふにあり。

坂君へ電話（速記の件）。行違ひ内相より電話。赤羽へ電話。

次田氏、大坪は少くとも長野を去ることになる。

（予記）聖上御満足　石渡の話（陛下退位されず）
（毎日）
現事態では不急　美濃部博士（朝日）
志賀義雄共和制を主張す。売国奴！（読売）

（発信）保民、笠原賢造

十月二十一日（日曜）　雨

十時半大池を訪ひ、田口、西沢と麻雀。（十）三

夜近藤君来訪、食事を共にす。

十月二十二日（月曜）　曇

朝清水澄氏を訪ふ。憲法改正は美濃部の云ふ通りなり。不急なり。衆議院議員の減員は賛成。それを基礎にして貴族院の人数を定めればよし。英国流に行くを可とすべし。

関屋氏を訪ふ。十六日及昨夜フェラースに面会す。天皇の平和愛好者なることを説明す。フェは側近がもっとよくアドバイスをすべきだったと云ふ。又昨夜はフェは東条が変なことを云はぬやうに注意すべる〔ママ〕を可とすと云ふ。之に対してははっきり返事をしなかった。トルーマンが、天皇制を維持するかどうかは日本民衆の決定する処にある、と云ったのは、米与論の好転を示す。始めマカサーを手ぬるしとして退位を要求すべ

しとの声米にありたり。ソ聯も同意見。マカサーは政治家。マに対する与論も好転す。
吉家へ電話（不在）。大河内子来院。木戸にあい。
浅野侯、土岐子、岩村男、伊江男、稲田男来室。
浅、近公が憲法の改正を急ぐ理由はわからん。
亀山君へ酒一本やる。松子へ電話。
石渡宮相を訪ふ。伊□協会の土地の件。
（受信）山下重兵衛、丸山鼎吉、菊地水雄、尾佐竹猛、
　みつ子、まつ子

十月二十三日（火曜）
関男来院。
郡山君来訪。
今井五介氏を訪ふ。菊地某のことを頼む。
帰途近藤、内田と甲良町の家を見る。
（発信）山下

十月二十四日（水曜）

飯沼君を訪ひ高岡神社のことを頼む。

溝口伯来室。松本国相に面会。臨時議会は十二月なるべく早く開く予定。下院は相当言論盛んなるべし。憲法改正は学者のみを集め政治家を入れずに研究し、陛下の御参考に供するつもり。美の部博士も自分も改正は不急と考ふ。溝の云ふ処によれば、貴院改革は公侯の互選、華族議員の減員、勅選の減員及ひ任期、多額議員の改良等の程度に止るべし。

次田氏、田中武雄氏、河井氏、田口氏、井上子、細川侯、関屋氏、古島氏、山崎。

田口、近公は嘗てマにあいしとき憲法の自由主義化を希望しおりしにより、辞職後面会せし際に、国務大臣としてか又は近個人として希望せしかとたづねしに、近個人に希望せしものなりと云ふ。依って陛下に御伝へする約束をした。陛下に申上げしに調査をせよと仰せられしにより、調査をするつもりなり。新聞に発表せしことは、国内に対してはいけないかもしれぬが、対外的にはマに対しある満足を与へたりと考ふ。

夜前田正実君を訪ふ。高宮と麻雀。大敗。
（発信）井沢政頼（常物更正）
丸山鼎吉
（受信）西村馬政局長官より電話

十月二十五日（木曜）　晴　寒

朝加瀬を訪ふ。松谷大佐に面会す。

関男、木村、大池、大屋子、梅渓子、石橋、杉渓男、尾佐竹氏来室。

二時石橋君と深井英伍〔ママ〕氏の告別式に行く。

五時丸の内常盤家汎太平洋クラブ会合。井上、河井、笠井、三島、斎藤、及川、小林、内田。徳川公欠席。

笠井、ゼネラル・ソープは、木戸は最近にやめさせると云っていた。近は二回目のときは（十月四日？）アチソンに面ふと云って居た。

加瀬、四日近公の通訳をせしは奥村なり。よき英語なり。

加瀬、米は東亜の貿易を奪ふことを希望す。競争相手の大きなものは倒さんとす。故に米のこの希望にのりて、満洲国が日本に勝手なことをさせてはつくり貰ひし如く、米にやらせて後で取ることを考へるがよし。米は共産主義をきらふ。バーンス国務次官はモロトフをきらふ。しかし今戦ふは不利なる故、表面ソ聯の主張を入れもっともっと無理なことを云ふべし。米はいく処まで行かせるつもりで日本をひっかきまわすべし。米本国では馬に乗りおると思ひおるに、実は牛に乗りおる故仕事がはか行かず困るとある米人が云ふ。

（発信）父上（書状、小包）

十月二十六日（金曜）　曇

理髪。徳川氏来訪。

副議長登院。先般義親侯が爵を辞せむとせし当時、有馬伯が伯爵の集りの際、どうするかと発言せしにつき相談の上単独で辞することをやめ、例へば御退位等のことでもあらば一斉に辞することとし、その音頭は近公にとって貰ふことにし自分より近公に申入をなせしに、近公は、自分もやめねばならぬ故（やめたくないと云ふ意味）、尤もなこと故そうすることにしやうと云ふ。そのことを農業会にて有馬伯にあい、近公も承知なりと念を押し有馬伯に釘をさしおきたり。

一時半次田氏を訪ふ。後高木男を訪ひしも不在。

午后議長を訪ふ（赤十字社に）。明日宮殿下にお目にかゝる。

木村、原口氏来訪。

六時原口氏、次田氏を訪問す。

十月二十七日（土曜）　晴

十時次田氏を訪問す。中御門男、北条子、西尾子、東久邇宮より電話（二時半拝謁）。

後高木男を慈恵院学長室に訪問し、米川昇のことを頼む。後東久世男を華族会館に訪問し木戸に対するソープの考を話す。中御門男のことを相談す。後溝口伯と同道、次田氏を訪ふ。後東久世男来院、ソープの話を細川にあったから話した。副議長（小田原）より電話。

住宅の件。

議長、副議長へ宇山兼任書記官の件を話す。議長より殿下に御願せし旨、話あり。

次田氏来院。沢田君の件。中御門男等の住所。中御門参、溝口伯の意見により、北条、三島、渡辺の内二人。

後次田氏より電話にて、（三島厚生政、中御門大参、北条農参）にしては如何との相談あり。

井上子来訪。河井氏来訪。

四時内田君を訪ひ大池、関と麻雀。

高野夫妻来訪の由。果物を貰ふ。

（予記）地方長官発表

三好を副書記官長にせしは、調査局長官にせんとせしも、之には幣原男に好しからざる手持札あり、首席調査官として長官の仕事をさせる。

十月二十八日（日曜）　晴　暖

朝岩倉書記官来訪。

国分寺へ行く。利男、勇同行。

夕刻帰宅。勇さんと食事を共にす。

（予記）リンドウと　あざみを正に供へけり

十月二十九日（月曜）　晴　暖　二〇度
朝吉家を訪ふ。岩波氏同席。行政裁判所を訪ふ。

大木君、前田男来室。

島田が初め一緒にやってくれと云っていたが、九月二十五日関西へ行きし際に、勅選を頼んでおいたと云ふ。

河井氏を四谷駅に送る。唐沢氏を訪ひしも不在。

十月三十日（火曜）　晴　暖
富沢を勇さんの処へ使にやる。
一時半憲法調査委員会。四時半終。
次田氏に面会、勅選のことときまりし由。
近藤を中御門の旧宅へ派す。夜近藤来訪。
（受信）井上子

十月三十一日（水曜）　雨
理髪。
北条子来室。次田氏へ返事。
一時半前田文部大臣の講演（三部会）。
酒井伯来院。渡辺伯来室。
青木君、山崎、木村来室。
二時洗足行。
（予記）飯沢君来訪の由。

十一月一日（木曜）　晴
朝議長、東久世男を訪ふ。

小村侯、大河内子、滝川君、小日山君、関男、石橋君来訪。

亀山、大村、川西へ電話。

一時半より豊田商工次官の講演（第五部会）。

今井五介氏来室。クレーマーと度々面会す。皇太子殿下の御留学は先手を打ち、御退位問題も自然なくなる。

原口氏来訪、四時半次田氏を訪ひ皇のこと、朝鮮人救済の為め米を朝鮮よりとること、御留学のこと、沢田竹二郎君のこと。

マ、民主々義とは機会均等と云ふことだ。鉄道工夫の中から社長が出ることの出来る組織だ。米の政府はピラミッド型の国民の頂点にある。国民のために存在する。故に勝手に戦争を起して国民をひっくりかへすやうなことは出来ぬ。日本はピラミッドが逆に立って居り、吾々は救済に来たのではない、オキュペーションに来たのだ。木を切り魚をとれ、木を切り家を建てろ。食糧品の輸入はできぬ。自ら助くるもは〔ママ〕、天が助ける。真珠湾のことはだん〳〵忘れるが、新に捕虜が帰国して虐待のことを話すので、米の与論は悪くなった。おまけに支那とロシアが米の寛大なる態度を好まぬ。捕虜の虐待は日本兵の日記により明かだ。二人の将校が、逃げたのを先づ足を打ち、兎のやうにピョンピョン跳ぶのを捕へ、生きたまゝ肝臓を解剖した。日記に記されて居る。第十四軍司令官（ニューギニア）は、人肉（但し敵軍を除く）を食ふ者は死刑に処すとの布告を発す。マカッサーは東久邇宮の御辞職を惜しがって居る。川辺〔ママ〕中将と岡崎の持参した文書は、陛下が御自身のことを朕と云はず、私と書いてあった。自分が注意して勅語の形式にした。

婦人賛成権〔ママ〕は、婦人は子供があり戦争反対故、軍国主義の再抬頭を防ぐに必要なり。

日本は百年たてば或は幸福だったと云ふことになるやもしれぬ（世界の軍備廃止）。戦争を引き起した責任者については自分と関係ない。捕虜虐待犯人につきては関係あり。日本の将軍が悪い。旅館など家をあけることは出来まい。

吾々は四年の間大部分は天幕生活をした。マニラでも、昨年も一昨年も家族にクリスマスプレゼントを送ったが届かぬ。沈められたのだらう。捕虜収容所の捕虜虐待をした者を集めて米軍の被害者に見させることがよい。

日本は今の儘にして食住がなくなれば、共産主義になる。共産主義はロシア政府すら今はすてた悪い主義だ。

（予記）議長、東久邇宮の御話に、皇族は親王を除き臣籍に降ることになり、その請願書を内大臣が握っているとの御話ありたり。

（受信）沢田君

父上（二十九日付）

十一月二日（金曜）　晴

東久世男より電話。菊地某生来訪。

一時半首相官邸。憲法会議。

十一月三日（土曜）　晴　暖

九時半参賀。

帰途新宿三越行。ふけとりを買ふ。

唐沢さんを訪問。

午后前田中将誘に来る。同行。内田も来り麻雀。

十時帰宅。湯に入れて貰ふ。

利男午后三瓶と洗足焼跡へ行く。

十一月四日（日曜）　晴　暖

十時亀山、松村光磨、次田、川西四氏来訪。

次田氏は三時頃帰られ、九時半迄する。（十）（一）〇。

十一月五日（月曜）　晴

古島一雄氏、関男、木村京都府知事（瀬古、大池に案内）、東久世男、北条子、小林宗之助（信武会の理事の件）、渡辺昭伯、小山敏、木村進の諸氏来室。

十一時四十分次田氏を訪ひ、ヨツシバーの話をする。（一日より二週間位）（禁衛府の予算は大蔵省に削減させるつもり。陸相の面目問題。自らは削減出来ず、マ司令部より云ってくれば減員する。後藤師団長を長官にせしは御考による（師団長にせしときも然り）。御親任深し。陛下は初め大［ママ］すぎると云はる。陸軍が四千人を主張す。長官は何人かと云はれしにより後藤と申上ぐ、それならよしと御嘉納あらせられたり。以上は宮内大臣の話。復員省を二にせしは、この案をマ司令部に見せしに賛成なりしによる。陸軍と海軍は反対

のことをしおりしにより、一人にて復員大臣になることは不可能なり）

楢橋長官より乾物を貰ふ。

佐藤書記官に議員の宿舎のことを話す。

五時大木君来室、共に章に至る。六時半帰宅。唐沢さんに来訪の由。

（予記）宮坂、松子より林子持参。

　野村よりバタ。

　塙より大根。

（発信）陸軍留守業務部、千葉市小中台町（旧陸軍高術学校跡）、（庸二のことを照会す）

十一月六日（火曜）　快晴　暖

朝赤沼をして北条子へ電話せしむ（三島子の件）。

朝東久世男を訪ふ。

保科子、井上子、宮田光雄氏、門田記者、浅野豊氏、副議長来訪。

議長の自動車昨夜破れし由。皆川挨拶に来る。

右に関し東京急行より挨拶に来る。

副議長、近衛さんは京都の一部では評判悪し。木金が、京都で近が行くと会社等へつれてゆき、後から近の命と称して金、品物等を貰ふ。又府よりも同様なことをして大部分を自分でとる。そのため近公の評判悪し。

昨日賀陽宮（松戸のさき）が、大木伯と共にこいとのことにて行く。無聊に困しみ〔ママ〕おらるゝものゝ如し。おちついて居られることを勧告す。

三瓶を唐沢さんと一所に芋買ひにやる。

（発信）大木へ礼状
　吉橋庸弥等九名へ祝状
（受信）西島より
　高野忠衛

十一月七日（水曜）

原口氏を訪ふ。

原口、東久世、及川氏、浅野侯、山崎、安岡、田中耕太郎諸氏来室。

溝口伯と話す。

三時半岩田法相を訪ふ。

十一月八日（木曜）　快晴

理髪。

関男、山根男（挨拶に来る）。

十時半次田氏を訪ふ。木戸は数日中にやめる。内大臣府がやめになるかもしれぬ。巣鴨拘置所へ千五百ベッドを要求し来る。

川西君を訪ふ。加藤恭平君に会ふ。

一時半首相官邸憲法会議。

議長へ電話（英人持参の映画の件、二十八日）。

飯沢君へ電話。
◎夏カーキ国民服を、河野書記官に託し洗濯やへやる。
（発信）父上へ
（受信）松子

十一月九日（金曜）　快晴　寒

朝大倉男、白根男へ挨拶に行く。

木村来院、御退位は確実。地方では内閣で戦争責任者の査問を始めたのをまねて、町村吏員等に対し査問を開始すべしとの運動盛になれり。

水谷川男来院、マの憲法改正に関し近公に対する態度の変化せしは、与論の変化せしによる。米の与論は、近の如き既成勢力よりも憲法改正はもっと民衆的のものにさせねばならぬと云ふ考と、プリンスと云ふから近は皇族ならむとの考より出しものの如し。二十日草案のなるをまち軽井沢へ行くべし。共産党は相当進出すべし。保守党と社会党が多数をしめ、自由党がキャステング・ボートを握ることとならむか。

関男、飯沢君来訪。

小林宗之助君へ電話（唐沢にあはず）。

十一月十日（土曜）　快晴　十八度

朝木村進を訪ひ酒をやる。

議長を訪問。官舎使用の件。宇山書記官来訪。

水谷川男、関男来訪。

坊城男より電話。次田氏へ電話。臨時議会は一日の予定なるも、枢府に於ける審議の模様による。小村侯より電話。

正午より憲法会議。首相より食事。憲法改正やむを得ず。

宇山、敵は憲法改正を予期して居る。十一、十二条など削除するを可とす。

島津公より議長官舎を華族会館に貸すことを頼み来りし由（近藤）。

水谷川男へタイプライー〔ママ〕にて打ちしものを届ける（嚶鳴社現数）。

十一月十一日（日曜）　晴　暖、夜十九度

十時石渡宮相を訪ひしも不在。六時半再び訪ひしも不在。

一時半より議長官舎にて次田、大村、有光と麻雀。

（一）五〇〇。

次、昨日近公はマカサー司令部によび出され、長時間に亘り油をしぼらる。

利男、勇、三瓶、洗足へ萩を切りに行く。

十一月十二日（月曜）　曇

高木男へ礼に行く。

溝口伯、東久世男、関男、大河内子、三好君、円城寺以下各社の政経部長来る。共同新井正義、朝日山岸勇夫、毎池松文夫、読等々力栄、日円城寺次郎、東京塚本寿一、及大島書記。

十一時青年会館にて比島協会評議員会。一時辞去（原口氏同車）。

飯沢君へ電話。円城寺に、田口氏著委員会制度の研究を読むやう頼む。

四時より首相官邸に楢橋法政局長官に招かる。六時半辞去。

（発信）吉田喜佐（返事割所表）

（受信）松子（九日付）

吉田喜佐

十一月十三日（火曜）　晴

山岡万之助君を訪ふ。司法制度委員会の件。

天皇の下に首相三人を一般選挙により出して御きめを願ふ。即ち構成は英流、運用は米流。下院は二年とす。解散をさく。戦争をやめてよかった。サイパンに敗けたときやめれば尚よかった。

三好来訪。二十六日召集、会期十八日間。

東久世男より電話。東久世男午后来院。

池田重雄君へ電話（もしあいたら第一先口にして貸してくれ、一応表札をとる）。

正副議長へ議会召集のことを電話す（副議長不在）。

四時より議長官舎へ、山崎、木村、門田、久保田、山崎、石井の六記者を招く。書記官同席。

宇山、一昨日木戸侯が明治生命の戦略爆撃調査団へ呼び出され、開戦との干係、天皇との干係等を調べらる。

本日は近公が調べられた筈。

（発信）松子（返事）

（受信）中松真郷氏

十一月十四日（水曜）　曇

中御門侯より電話（足はれ手術、欠席）。

朝次田氏来訪（顧問は井阪と河原春治）。

十時半憲法会議。中座す。

十二時世話人理事会。（一、復員省の所属、二、事前審査をやめること、三、河瀬氏に対する回答）

二時憲法会議へ再出席。

古島、溝口、酒井三氏と上奏案のこと、委員会公開のことを話す。

帰途平塚氏を車にのせて上げる。マ司令部へ呼ばれし人の辞職の件、代表演説の件。

（発信）中松氏

高野忠衛氏

十一月十五日（木曜）　曇

三瓶薪を割ってくれる。午后登院。岡喜七郎氏来室。

一時半有竹の「声」の話。小坂武雄君来訪。

小坂順造、次田官長より電話。

伊東、伊沢氏へ電話（三浦を理事に頼む件）。

有竹、中立国外交官引揚を命ぜしは、幣原内閣の退陣を求めしものなりと云はる。近公、平沼に関する投書多し。高野岩三郎は天皇制反対、森戸は極端の機関説なり。大物を少くすることを主張す（昨夜ラジカルの者十名許り集る。高野岩三郎、森戸辰夫、岩淵辰雄、室伏高信、鈴木安蔵、有竹等）。

（受信）松子より返事

十一月十六日（金曜）　晴　暖

唐沢さんに訪ひ二百円（芋代）を上げる。

原口氏を訪ひしも不在。

関男、溝口伯来室。岡氏来室。

十時より末広弘博士の労働組合の話あり。及川氏来訪。

一時半議長を赤十字に訪ふ。二十二日円満会の件。

二時二十分洗足へ行く。利男、赤沼同行。

小原氏に交渉会のこと、記者の要求を話す。

溝口伯、島津さんでなく議長は徳川さんでよかった。

代表演説必要なし。

（受信）大坪保雄

十一月十七日（土曜）　晴

木村進君来訪。

関男、酒井伯来院。西島朝日より電話。

飯島直一君来訪（芋と大根を貰ふ）。

四時半頃山根男来室。

五時首相官邸に次田氏に招かる。

六時半議長官舎にて次田、三好、大池と麻雀。（一）四〇〇。

（予記）臨時議会召集詔書公布

（発信）庸二

松子

十一月十八日（日曜）　晴　暖

木村君を訪ふ。

午前利男と芋を乾す。

一時大池、川西、河野来訪、麻雀。大勝（十）七四〇〇。

十一月十九日（月曜）　晴

細川侯、大河内子、原口氏来室。

加藤恭平君来院。

午后一時半憲法会議。

三時半次田氏を訪ふ。議会のことを打合はす。

宮沢、ダイク大佐を加瀬が高柳、宮沢等を招きしとき、ダイクは「面会に来る人々が皆、大東亜戦に反対だったと云ふ」と云ったとのこと。

夜唐沢さんへ切手を届けさす。

（予記）戦犯引渡要求し来る。

　荒木、本庄、真崎、松井、久原、白鳥、松岡、

　葛生、松岡

（発信）庸二（二十日投函、利男と連署、野球のこと）

（受信）松子

　小出一二三

十一月二十日（火曜）　半晴　夜南風にて暖

九時半靖国神社へ行く。臨時大祭。十時招魂殿にて御拝あり、陛下が民の身近に御下りになりし様感ぜらる。斯くて君臣の関係に新しき発展を見ば、国運の回復も期すべきか。

山際次官来院。部会にて説明のため。

古島氏（為替の件）、浅野豊、副議長、保科子（太宰の報酬の件）、大河内子（質問主意書の件）[ママ]、長谷川瀏君来室。

五時議長官舎に議会関係職員を招く。

小泉に使をやり、イカ二十、車エビ十五とりよせる（百円）。

次田氏、議長にイカ五、エビ五宛届ける。

利男の階[ママ]行社保険四十五円七十銭払込（十月分迄）。

木村、赤沼へイカを上げる。

（予記）枢密顧問発表（井阪、河原）。

　本庄大将自決。

（受信）笠原十兵衛

十一月二十一日（水曜）　曇
朝庸二帰還の夢を見る。顔の下に白い鬚のまざった鬚のかり残しのをつけて笑っていた。

十時議長、浅野侯登院。同行して首相官邸に至る。

正午首相の招待会。議長の挨拶よし。古島氏へ為替を返へす。

一時半各派交渉員一名宛（大河内政敏[ママ]子、小原直、古島、田中、飯田、下条、浅野侯、後藤文夫の諸氏）と記者と会見。

二時交渉会。議事準備の打合せ。

五時半議長官舎へ旧政治部長を招く（大森、小島、中島、長谷部、田畑、大島）。近藤も同席。

東久世男よりイカを頂く。

（発信）笠原十兵衛
　大坪保雄

十一月二十二日（木曜）　晴
滝君来る。鰹二尾持参。二十円やる。
四時半より議長官舎にて円満会。島田、勝田、岡田、内ヶ崎、大木、正副議長、大池等全員出席。八時散会。
島田、軍人恩給、遺族扶助料の即時停止を要求し来る。

十一月二十三日（金曜）　晴
利男、正ちゃんの墓に詣る。
十時議長官舎へ行く。次田、三好、大村来り麻雀。
（一）二〇〇〇。
マ司令部より軍人恩給、遺族扶助料の停止を命じ来る。

捨身でぶつかることを慫慂す。

次田氏、議長に昨日の閣議にて君の勅選の決定せしことを御伝へ願ひたし。治安悪し。警視総監、警保局長来らず。内閣員を殺す連判状を持ち廻りおれりと云ふ。

五時半賢所参集所へ行く。西村にあふ。

九時宵の祭だけにて辞去す。御刺身なく、ナマリ節の煮付けと大根の煮付と薩摩汁（鴨）と大根の葉の千切り浅〔マヽ〕付けとのみ。日本人我慢せよ。

穂積男、世間で色々云ふが、皇太子殿下の米御留学は考へおらず。今御出になっても御受け入れになる程度に達せず。将来御成人の上御出になるは格別なり。只今は絶対に考へず。

（予記）瀬古君に自動車を貸す。

十一月二十四日（土曜）

朝伊沢氏を訪ふ（杏雲堂に）。七十七回誕生日の由。酒一升上げる。枢密院を少数元老にすることは、自分が主張せし当時は必要なりしも、今は時が移りしにより異ふ。枢は廃すべきもの也。自分は貴族院に入りたし。平沼はやめるべきにやめず、心臓のつよきが彼の長所。国本社をつくり貴族、軍人、司法官等を結合して一の閥をつくり、権勢を握り、あはよくばエンペラーにならむとするは彼の考なり。今日の日本を将来せし元兇なり。

読売の正力を、社員の行動はアナなる故国家社会の為め健闘せよと激励しつゝあるにより、伊沢を仆すために三日に渡り自分の悪口をかきたり。真崎をやめさせたるは伊沢と永田、朝飯会は伊沢と云ふは共に事実無根なり。読売に正誤を出すべきか。西公の使の原田と云ふ小僧が、政界、軍人の名士を朝飯に招き、又三等の人々の集るを、不快に思ひおりたり。一度も行きたることなし。

スターリン彼ターの大帝を認め、国教を認む。トロッキーの共産主義を清算せり。天皇制を認めざる志賀義雄、徳田等の共産主義者は、十五年監獄にありし間に世の変りしこと、スターリンのすることを知らざるもの也。

幣原内閣退陣、天皇制を認むる共産主義者に政権を渡すことを賛成せず。

正午、飯沢、西野入、塚田一甫を議長官舎に招く。

岩淵、五十以上、日日におりし人、仙台支局長にてやめし人。

室伏、朝日におりし人、五十以上、明治の卒業。

二時憲法制定会議。

三時四十分田中運通相を訪ひ、大石のことを話す。

李に身上のことを話す。

四時半協同新井、朝日岸来る。中間報告をする。

五時議長邸へ礼に行く。加藤勘十が読売集数を策す。

夫人がマ司令部へ出入す。十年前より加と交渉、妊娠六ケ月。

八時内田、上月、赤沼来り麻雀。（一）三五〇〇。

（予記）内大臣府廃止。

　勅選発令。

　長野県の島田来訪の由。

　岸　三の事を要求し来る。
　　1、軍人恩給、遺族扶助料即時停止
　　2、国家の歳出の承認を求むること
　　3、戦時利得を取り返へすこと
（受信）石井広吉
　曾我子
　小山敏

十一月二十五日（日曜）　曇　暖　一七度

朝酒井伯、次田氏へ礼に行く。登院。午后斎藤君を訪ひ酒をやる。

溝口伯、東久世男、岡部子へ電話す。

夜近藤来訪。米人記者の写真の件。

夜勇さん、内田君来訪。

次田氏、軍人恩給等の即時停止につき大蔵省、終戦事務局長官、外相が交渉せしも、クレーマー、マーシャル等は、アンフェーヤなることもソシアル・アンレストを生ずることも認めるも、本国よりの命令につき、これ以上デスカツするを止めやうとて受付けず。辞職論起りしも、今一度議するとて、首相は昨日閣議半にてマを訪ひ二時間くい下り、二月一日迄施行延期、ソシアル・インシュワランスに変更せば可ならむとのサゼッションを得て来る。それを詳細発表したきも、クレーマー、マーシャルの面目を傷けることになり、後の交渉のために邪魔になりては国家の損故、初めより二月一日施行のやうに要求ありしやうに、今夕マ側の発表と呼応して情報局総才より発表することとなる。

（発信）庸二（3）（勅選のことを知らせる。電報を打ち兄が迎へに行く）

小林和智平（小平用水の件）

沢田竹次郎（祝）

十一月二十六日（月曜）　半晴

八時二十分登院。十時開会。

古島氏、東久世男、関男に礼。

岩倉公、岩村男、保科子、小畑男、横山氏、田所氏、松平康春子、浅野侯、結城君、今井氏、稲畑氏、坊城男、加藤男、宮田氏、河井氏、平塚氏、関屋氏、伊礼君、小山邦氏、大山公、渡辺伯、溝口伯、佐々木侯、及川君より祝電話。唐沢君より〃。飯沢君より〃。

大塚喜平君来訪。三好来訪。三好、入江次長（電話）へ予算のことを頼む。大蔵大臣秘書官より電話につき、大屋に右につき伝言方たのむ。

島田昌男の甥島田［アキ］。

三好、幣原内閣に割合にマは好意をもつものの如し。食糧輸入を原則的に許可せしは、軍人恩給停止の要求を出す前にして、幣原の面目を立て、やりやすからしめんがためなるが如し。首相に、農相をつれ礼に行けと云ひしも、実現せず。

六時内田君宅に利男と共に招かる。酒一升上げる。

（予記）庸二帰還の夢を見る。ニコ〳〵して居た。手紙を二通しか受取らぬと云ふ。

（発信）父上、松子（勅任の件）

小出一二三（住所）

（受信）森山鋭一（祝詞）

石井広吉（祝電）

十一月二十七日（火曜）　雨

九時半首相官邸にて幣原首相より辞令を貰ふ。

十一時開院式無事終了。米記者の無理をけとばし、愉快なり。

唐沢、青木、松本忠、秋田三一、東久世男、田中軍吉、木村進、山崎外二名、小坂武雄、及川君、藤沼氏。

浅野豊君より電話。大石竜彦より〃。

夜新山口へ次田氏に招かる。溝口伯、酒井伯、大河内子、岡部子、八条子、三好。

（予記）溝口伯の認むる公正会の人

東久世男　高木君　伊藤文吉男　飯田男　安保男

（発信）松子

（受信）松子、前田正実、加藤おと丸、松田正三郎、大坪、亀田政、樫田、飯島、風間

十一月二十八日（水曜）　快晴

朝佐佐木侯へ記念品料二千円持参す。

十時開議。首相の演説、よし。

松平康昌侯、加瀬、小坂、田島少佐、熊谷年利来室。

山崎、木村、久保田来室。

松、陛下は首相演説の反響を御心配あらせらる（拝手ありし旨を告ぐ）。首相はあまり無理を云ふと（遺族扶助料停止の如き）よくないぞと云ふことを云ひしや（正義が凡てのもとだと云ひたりと答ふ。何となくそう云ふ感じがせられたり、と答ふ）。

夕刻松井情報官より電話。マ司令部が貴族院委員会非公開の理由をきき来りしにより、資料をほしいとのこと。

（受信）原田男（電報）、大谷忠四郎、村上恭一、小出、長島勇雄、松沢美雄、堀口季雄、律、久井利行、荒木義平

十一月二十九日（木曜）

十時開議。

宮田氏、自分の知人に対しマ司令部のものが、進歩党

が多数を得る限り又解散をさせると云っていた。故に進歩党からは立たぬと云っていた。

毎日の狩野近雄氏来室。

小坂武雄、笠原賢造君来室。

正副議長には田口氏の件を御話し、賛成を得。

溝口、東久世両氏に田口氏の件相談す。溝伯は絡〔ママ〕連委員会との説を出されしも、あまり策謀せしやうに見へぬやうにするため、連を開かず。

夕刻河野書記官を田口氏へ使にやる。

（予記）梅津横須賀市長よりスズキ二尾、ウイスキー二本。

（受信）父上、三郎
　岡喜七郎
　丸井正彦

十一月三十日（金曜）　雨

朝寒し。薄氷はりたり。田口氏と相談（迎へにやる）。

午前十時開議。質問続行。大木は貴院が早くやらぬからだと非難す。

田口氏に頼み委員会の性質を述べて貰ふ。議長より、マ司令部より何等の命令を政府より照会せられたることなきことを述べて貰ふ。

午后研究の後藤、裏松、平塚三氏来室。返事あり。

小原氏へ電話にて照会。返事あり。

角倉君来訪。加瀬君来院。大石来院。

議長、副議長へ電話。明日午前九時半交渉会を開くことに決す。

田中武雄、古島氏留守宅、東久世男、細川侯、平塚氏留守宅へ電話（明日九時四十分の交渉会の件）。

西島君へ電話。写真をのせぬことを頼む。

勇さん来る。すずきの刺身に久振りにて満腹す。

夕刻松井より電話。塩崎がダイクにあいしに、他国の立法例などはきかないでよい、只貴族院が非公開で密議をするのがいかんのだと云ふ。

宇山は、ダイクの管轄に非るべし、課長級の処へねじこむべしと云ふ。

（発信）（礼）、父上、三郎
松沢美雄
（受信）岡部、松本道定、沢田、角倉、郡山

十二月一日（土曜）　晴
九時四十分交渉会。

十時十五分開議。松村氏の質疑よし。少しくどすぎる。

十一時半各社政治部長に面会す。

一時再開。二時半散会。

川部君来訪。沢田、松村、藤沼。

坂へ電話。松村光磨へ電話。

宮中、東久邇宮邸へ御礼に行く。瀬古君へ弁当箱を返へす。

保科子来室。皇太子御留学のこと、原口氏勅選のこと。

大塚喜平へ酒をやる。

六時政治部長達を議長官舎に招く。

岸、近にあひて尋ねしに、マカサーはあなた方が憲法改正をされるとよいでせうと云ひしのみにて、あなたがやれと云はれしに非ずと云へり。それを機会に救か〔ママ〕らんともがきしもの也。

（予記）木村、鮎川が進歩党へ全財産（一億円）を出すと云ふ噂あり。進歩党は割れるおそれあり。

前田、大林等が小さくなって歩いて居る。

（受信）成瀬、竹越、三浦、栗岩

十二月二日（日曜）　快晴
マカサーは、重慶より申出の戦争犯罪人名簿より陛下の御名を削りたりと云ふ。

毎日〔アキ〕、陛下が位にあられ日本人の尊敬の中心であられる限り、戦争犯罪人にすることなしと、米にて云はると云ふ説あり。

朝吉家を訪ひしも不在。足立正氏に面会。加瀬君の依頼を伝ふ。

十時より次田代石崎、松村光磨、川西君、後次田氏と麻雀。（一）一九〇〇。

足立、八軍のバラード大佐は、米ソ関係を考へ日本に

対し好意をもつ。マーシャル、ダイクは純理派。

十二月三日（月曜）　快　十時頃まで日蔭は白霜きへず。

朝五時利男長野行。

唐沢さんを訪ひしも不在。

東京陸軍燃料部に行き、〔アキ〕大佐に挨拶せむとせしも不在。熊田中尉に頼む。利男の手紙を渡す。

木村氏、岡氏。

（受信）陸軍留守部、小林和智平、里子、塩原、原地、
　丸山鼎吉、持永、木村精一、飯沼、塩原

十二月四日（火曜）　晴　寒

十時開議。

一時半ウイリアム・コートニーの映画。満員。

大河内子より伊沢氏の枢府副議長につき相談あり。

五時議長官舎にコートニーを招く。近藤、宮坂、加瀬、松井、島内、〔アキ〕陪席。アドバイスを求めしに、日本の美徳、長所を失ふな。二院制度、貴族院支持。華族支持。一番早く日英間に大使を交換したし。

（受信）松村光磨（祝）

十二月五日（水曜）　晴

東京燃料部へ行きしも、七日とのこと。

渡辺伯、浅野豊、真栄城守行、山崎、臼井、佐藤（毎日）、大森（同盟）、東久世男、佐々木侯、関男来室。

伊江男（祝）来室（不在にて面会せず）。

一時より食糧委員会。芋粕うどんの試食。

五時山水クラブにていとい会。徳川伯、小原、岡、立花子、伊東子、加藤老、小林、田中出席。牛肉すき焼。

柴田氏よりキャベツ届く。書記官連へ三俵分けてやる。

十二月六日（木曜）　晴

十時風強し。

十一時島田情報官来室。

田口氏、河井氏、保科子（幣原男は他の人にも話しておいてくれとのこと）、溝口伯、渡辺伯来訪。柴田兵一郎氏〃。

瀬古君へ勅選のこと話してやる。

井田男来室。被召喚議員は一緒に辞職願を出したしと云ふ。強制するは不可と答ふ。

渡、天皇制の論議は米に乗ぜらるゝ虞あるにあり、やめる方法なきや。

五時十分議長邸へ行く。佐佐木侯あり。キャベツ、林檎を上げる。五時半近藤より電話。近公、木侯、酒井伯等に召喚命令来りし由。議長に話す。食後近藤に再度確かめたる上酒井氏に話す。

次田氏の招宴は欠席す。

十二月七日（金曜）　晴
木村君へイカ一尾上げる。

朝三瓶と勇さんと籠をとりに行く。

青木一男君を訪ふ。塩原、小坂、竹内徳治、佐々木同席。

議長邸へ礼に行く。東久世男へキャベツ二届ける。

青木君をリエズンオフィスに送る。

岡部子、中御門侯（林檎を上げる）を訪ふ。東久世男、大河内子、木村、山崎、大塚、松村義一氏、次田官長、浅野侯、土岐子、安茂里村長及、小林和智平（西村へ招介[ママ]状を渡す）後藤文夫、河井氏来訪。

次田氏に□氏と瀬古君のことを頼む。佐佐木侯は□□賛成なれば研が反対でも押し切る。但し溝口伯□□を訪ふ。

帰途溝口伯（不在）□□を訪ふ。

副議長はやめるが、議員はやめぬと云ふ。後任は一寸と困る。八条と云ふは考へらるる処なり、と云ふ。

夜利男帰宅す。

（予記）大河内子、伊東、西尾は研究会が考へそうなり。井上子がよい。中御門。

井上侯の処へ東条家、鈴木、鮎川、木戸が集り常に密談をしていた。

木戸と児玉伯はあまりよからず。木戸は牝馬が悪いと云ひおりたり。即ち児玉夫人を嫌ひ居たり。

伊東氏□少し□をあげた。

（受信）高野忠衛

十二月八日（土曜）　晴

溝口伯来室。

十時開議。

瀬古君来室（勅選の件）。

次田氏に面会（非公式交渉会のことを頼まる）。溝口伯（逗子）へ電話。月曜日面会することにきまる。

阿倍老人、水田君来室。

夜麻雀（内田、上滝、赤沼）。（十）八七〇〇。

十二月九日（日曜）　曇

朝田口氏を訪ふ。

十時半より官舎にて麻雀。次田、松村、田口三氏。

（十）四九〇〇。

三瓶を管沢氏へ使にやる。砂糖二百匁上げる。

十二月十日（月曜）　晴

九時酒井伯来院の為め、八時四十分登院。

中村豊一君来り、酒井伯に紹介す。

溝口伯、東久世男来室（非公式交渉会の件）。

伊沢多喜男氏より電話、十二時来院。

一時藤原銀次郎氏を見舞ふ。

丸山氏、河井氏来室。伊江男〃。渡辺伯〃。宮沢裕〃。

次田氏より電話（学習院のストライキの件）。

松平康昌侯に電話（〃）。島津忠重侯にきき合はす。

東久世男にきき合はす。

松子より電話ありし由。更に申込む（三時十五分）。

小野寺を介し経済内政部長へ伊藤一雄のことを頼む。

佐久洋来訪。

（予記）瀬古君よりイカと鰹を貰ふ。

（受信）後藤達也

十二月十一日（火曜）　晴

十時開議。十時半散会。散会後非公式交渉会。次田氏より説明。

大河内正敏氏来室（挨拶）。

青木一男、吉家へ電話。

松平内記部長来訪。

楢橋長官、次田氏を訪ふ（原口氏の件）。

次田氏を訪ふ。元来はこの議会に貴院改正案を出す方がよかった。今では間に合はぬ。院令十三条削除案を出す。これなら枢密院が間に合ふと思ふ。之により現政府に貴院改革の白紙委任をして貰ふ。貴族院令の改正を出す際には、十三条を貴族院の議決を要すと云ふのの代りに、帝国議会の協賛を要す、として出す。各派の意向を探って貰ひたい。

十二月十二日（水曜）　晴

自動車故障の為め十時四十分登院。青木を訪ねたかったがだめ。残念。

十二時〔アキ〕　散会。

連絡委員会あり、選挙法は衆議院修正の通呑む。但し衆議院修正の儘にては法律実施に支障ある由に付、其の点は更に修正することになるやもしれぬ。

議長に十三条削除案を話す。この内閣を信任してよからう、華族半分位はおきたい。

溝口伯、此の内閣は、松本君辺りの話をきいてもあまり極端なる改正案は出さぬだらう、次の内閣は進歩党と自由党と聯立内閣なるべし。従ってあまり極端なる改正案は出し得ざるべし。小原の質問に対し首相が、次の議会に出す考へなりと云ひしにより、此の機会には出せまい。余は之に対し一案ありと云ふ。伯はそれは十三条削除案なるべしと云ふ。余は如何にして知られたりやと云ふ。伯は之は古島君の思い付き、堀切内相を経て松本国務相に話せしも政府はあまり賛成せず。余、然らば政府をつっついて見ませうか。伯、頼む。

記者諸君来室。政府が、次の議会に提出すると云ひながら今議会にやったらどうか。早くするのは差支へなからむ。

大蔵事務官村上一君、星野君の辞職願を持参。

笠原十兵衛君等六名来訪。岸首相秘書官、農林大臣秘書官、内相秘書官に紹介す。

李書記官来室。次田氏に廊下であふ。昨夜の貴下の案と小原氏に対する首相の答弁との連関は如何ときき しに、首相に話さなかったので首相はそう答へたらうが、早くするのは差支へあるまい、今清水副議長に話せしに、枢府は反対せざるべし、早く貴院を君主化する必要あるによると説明せば可ならむ、とのこと。

東久世男に話す。至急案を供へて出して貰ひたい、それがだめならば十三条削除案。

六時より議長官舎にて内閣書記官を招く。五人出席。

（受信）鈴木邦光

十二月十三日（木曜）　晴　一番寒く感ず　氷　霜

十時開議。

滝川氏に白紙委任状のことを話す。研究会は、昨日の首相の演説により一時逃れてやれ〳〵と考へおるものの如し。憲法改正後貴院が改組されるのは致方なしと考へ居るものの如し。しかしこの内閣は次の内閣よりも華族には好意ある改正をなすべしと考へらるゝ故、当ってみやう。

古島氏、昨日首相がああ云ったので、一寸と出来まい。しかし早くするのならよいでせうと云ひしに、同和、同成に当って見やうと云ふ。小原の演説する前に小原と溝口が来て私にあの質問をしてくれと云ふ。松本と打合せ済みらしい。自分は拒った。白紙委任状のこともあるし、元来演説はこまるから。そのとき白紙委任のことを話したら、溝口伯はそれも面白いと云った。

内田君に、副議長の議員をやめる理由は、応召出来ぬから責を尽しがたいからやめると云ふだけ、しかし他の議員がやめて有爵議員だけやめぬとなると又別の意味の非難を受ける故、適当のときにやむ〔ママ〕られる方よからむ、と伝言を頼む。

記者会の幹事来る。両院協議会を公開して貰ひたい。

慎重考慮する。

松平康春子、何とかこの内閣に貴院改革をして貰ふ方法なきや。溝口伯、後藤伯、八条子に話してくれ。

古島氏、小原は純理論より反対。元来法律ですべきものなり。之を単純なる勅令にまかせるは不可。

同成の河井氏に話せしに賛成。下条、入江、丸山に話す筈。

東久世男、白紙委任して政府が変るところまる。それさへ確実ならばよからう。

平塚氏、反対。明日朝常務で相談することになっている。

十二月十四日（金曜）　晴　寒

八条子、よいやもしれぬ。考へやう。しかし参考案を示して貰へぬだらうか。余は之に対し、こちらの腹が出来ねば政府へ交渉しやうがない、と云ひしに、こう云ふことは歩みよりでなければ出来ぬ故、もし貴院からこう云ふ希望を出したらどうかと打診して見てくれとのこと。政府が希望しているのでないから、政府が責任を負ひなれあい案を出したと云ふし、又貴院からは何が少いかにが少ないと非難されるから承諾すまいと云ひおく。

次田氏に面会。

（受信）小林和智平

十二月十五日（土曜）

〔記載なし〕

十二月十六日（日曜）

正午より議長官舎にて麻雀をする予定の処、近衛公自殺の為めだめ。四時より栄やにて次田、大池、大村と麻雀。（＋）一二〇〇。

午后〇時半議長に電話し、一時島津公、浅野侯と近公を弔問す。米兵多し。

十二月十七日（月曜）

午后一時開議。

四時半より閣僚交渉員を院内にて招く。席上議長以下優遇の件を発表。小原氏、もうやめるだらうな。

帰途内田君よる。

（受信）小林実

十二月十八日（火曜）　晴

午前十時開議。正午議員を議長招待。八条委員長病気の為め、一時半より矢吹副委員長報告。

瀬古君来訪。研究、公正の相当の人が（有爵者）官長をやめる方可なりと云ふ。長君もしか云ふ。

斎藤、反対が半数になるまでやめるな。議長に対し辞意を表明せしも、もう少しまってくれと云はる。

五時より錦水にて渡辺覚造氏に招かる。

松村義一氏は、やめずに官長をつづけろ。自分は若いとき気にくはぬことがあってやめたいと思ったことが度々あったが、やはりやめぬ方がよいと思ふ。

藤沼、やめるか。大河内子、やめるな。

十二月十九日（水曜）　晴

大塚、関屋、関男、飯島の甥、阿部老人、保科子、大河内子、三好君来訪。

午后二時矢吹男と八条子を見舞ふ。

後近公家へ弔問。香奠二百円（長、瀬古、小林、近藤、内田）上げる。

原口氏、坂君、川部氏へ電話。原口氏来訪。

夜四時半議長官舎に西大路、梅園、植村（欠）、戸沢、秋田、島津男を招く。五時半中座してとんぼに於ける次田氏の招宴に（溝口、井上、伊東三氏）陪す。

十二月二十日（木曜）

朝八時発列車にて帰長。運転手来らず飯島慶太郎に荷物を持って貰って帰宅。積雪多し。

十二月二十一日（金曜）

午后小坂君の子供使に来る（平貝をやる）。笠原十兵衛君へ平貝を上げる。

夜小坂武雄来訪。

十二月二十二日（土曜）　晴

午前は笠原十兵衛、宮下友雄（平貝を上げる）、小坂武雄、知事、内政部長を訪ふ。

十二月二十三日（日曜）

午前石井広吉さん来訪。小出一二三来訪。太田耕一君、石橋君来訪。赤沼君、岡田忠彦来訪。太田君牛乳をくれる。松子、太田と家を見て行く。

夕刻松本忠雄氏を訪ふ。帰京後にてあはず。安茂里村学校へ話しに行く。

夜お正さん、静子蒲団持参。

九時桐生君来訪。東京書記官室へ林檎をたのむ。

（発信）三郎へ

十二月二十四日（月曜）

太田君より電話。

小出一夫君来訪。高岡へ電話。

午后近藤書記官より電話。議長が、無理でなかれば帰って来て貰ひたいとのこと。次田氏も、帰って来たら急ぐ電話を貰ひたいとのこと。

小林活斎、伊藤警視、小出一二三、石井進来訪。

伊藤へ三百円渡す。之迄の立替は予て渡したる二百円にてとん〳〵の由。

小出へ本日持参の林檎代四十円の外に、松子の買ひし林檎代三十円を渡す。借りなし。

（発信）郡山、長島、藤野、栗岩、大谷忠四郎、亀田政、吉田喜佐、成瀬達、松沢、後藤直也、丸山鼎吉へ礼状（郵送）

十二月二十五日（火曜）

七時五十分家を出、知事官舎へ行き八時知事と同車出発。三時〔アキ〕分議会着。

朝日岸政治部長より電話。あなたが急に軽井沢から帰って来たので、政変が急に起ると云ふ噂あり（近衛公の幽霊のやうだ）と云ふのは、後継内閣の奉薦は枢府議長と貴衆両院議長とがやることになったが、徳川議長がその任に非ずとして承知しなければ、やめることになる、やめるかどうかはあなたが帰って来て決まる。それが形がつけば政変が起る。

近藤に話す。議長がその任に非ずとして辞退するは不可と云ふ。

議長、次田氏に電話す。次田氏は今官邸を出て家へ帰られたとのこと。

議長を訪ふ。二十二日朝九時次田氏首相の使として来訪（前夜外相より招かれて帰りし処へ電話にて打合せ来る）、枢密顧問官に推したしとのこと。黒田侯以来欠員。華族のこと等も枢府に於て審査するに必要。議長もむつかしくなる。議長はやめるのかと聞きしに、そうだとの返事あり。相談する人があるから二、三日まってくれと云ひしに、枢府議長は千葉（関宿）に居り一週に一度位しかあへぬ故、なるべく早く返事をしてくれ、出来れば年内に審理したいとの返事あり。小林宮内官長にも種々云ふ人が出来たからやめて、近藤は早いから稲田をつれて来たいと云ひたり。そこで二十四日中川君に次田氏に面会してきかせた。結局徳川はだめだからと云ふことらしい。議長としては、一、個人としては引込みによい時期なり。親切に云ってくれたものとも考へられる。二、公人としては議長就任一年を経たばかりなり。任期満了とか、制度改正の出来上ったときとか云ふのならよいが、今行政府の指揮により動くことは議会独立の立場から絶対不可。故に、1、議長の辞表を出さぬ、2、辞表を出して枢密顧問を受けぬ、3、辞表を出して枢密顧問を受けるの三途あるも、枢密顧問には不適任。他に人あるべし。よって絶対に受けず。1、2の何れによる可きか、よく考へて御答へ致すべしと云ふことを約す。

〔アキ〕時次田氏宅を訪ひしも不在（林ゴを上げる）。

依って近藤に、岸より電話あらば、二、三の人にあふ積りなりしもあへざる人もあり、事態は左程に逼迫しおらざるが如しと返事するやう、電話す。

十二月二十六日（水曜）　晴

朝木村君を訪ひ、礼九百円、酒一升渡す。

二十七日マ司令部は最の（ママ）選挙法に対する会議を終り、スポークスマンに旧指導者は立候補をやめるやうに云はせるだらう、マ自ら候補者を指名してやめさせることは選挙干渉になるからすまい。日本政府にまかせるだらう。進歩党の修正が新人の立候補に不便なる故、その点を訳文を出させ研究中なる由。

原口氏へ祝に行く。帽子を貰ふ。

山崎来訪。

十一時四十五分次田氏を訪ふ。

昨夜議長に面会せしに、「徳川は資格がないからやめると云ふのだらう。最も好意的に解すれば、種々困難が起るから今の中にやめて枢府へ入れと云ふことだらうが、個人としては誠によい引込み時である。しかし自分は就任後一年よーやく経ったのみだ。政府の意思により自由に立法府たる貴族院議長が変ると云ふように見へることはよくない、佐佐木君のときも自分は反対であったが力及ばなかった。任期満了のときとか貴院機構変革のときとか云ふならば別だ。今はその時期でない。小磯内閣は中央のことを知らないから致方ない。次田さんや幣原さんは中央のことを知っているのに、殊に自分は一脈意思の疎通ある方々と思ふ。枢密顧問はその任でない。他に適任者があらうから、此際辞退したい。残る問題は、議長の辞表を出すか、この儘にしておいて政府に自由にやって貰ふかにある。何れがよいか」との意見を求められしに付、次田さんに御目にかかってもう少し経過を伺って来て御返事申上げやうと、議長には申上げておいた、と云ふ。

次田氏曰く、総理は二月臨時議会の召集をまたずに現内閣はやめるやうになるやも計られぬので、今の内に後継内閣を枢府、上下両院議長が奉薦する憲法上の慣例を作っておきたいと考へておられるため議長の意嚮をきかれたので、議長をやめて下さいと云ふこと迄は云っていない。しかし今後枢密顧問になれるかどうかはわからない。貴革の際ならば当然議長でなくなるやもしれぬ。相当困難な事態に直面されるだらう。枢密顧問を受けぬと云ふ御返事と承ってよいか。

余「それは困る。改めて議長より御返事あるべし」と答ふ。

そのとき首相より電話にて、次田氏首相の処へ行かる。帰来曰く、首相はこの次に議会には相当ドラステックな貴革案を出すつもり。議長の御立場は困難にならう。それを考へ御推薦した次第である。この旨を何等かの方法で議長に伝へて貰ひたい、とのことなりき。

余、それは議長に御伝へしませう。

田中運輸大臣より電話。

午后今井五介氏（不在にて不面会）、犬塚氏、小坂武雄、大河内子、長谷川瀏、山崎、宮□〔カスレ〕。

四時半議長をその邸に訪ひ、貴革は相当ドラステックなるべき旨を述ぶ。甘し〔ママ〕で困難にぶつかることを決心さる。

帰途内田君よる。長さんは三月臨時議会が終ったらやめるのが穏当だらう、研究会で云っている人は宮田さん。宮田さんはは〔ママ〕小林君が次田さんにして貰ったと思っている。しかしその際議長が引続きやってくれと云はれ、自分もする気なら引続きやっていてよいと思ふ。

（発信）今井氏、片倉氏へ礼状

（受信）松平康昌（木戸侯の件）

　水野錬太郎氏

　副島伯

　丸山鼎吉

十二月二十七日（木曜）　曇　小雨

朝利男、内田、赤沼と牛込の家を見る。

理髪。大石龍彦来院。中御門侯来院。昨日東久世が来訪、自分に副議長になれと云ふ。近藤は総すかん故他へ出し、人を入れたらどうだ。

十一時半議長来院。十二時半次田氏に面会。御好意は有難いが御辞退すると答へるつもり。これは中川と福原に話しただけ。西野に相談せむとせしも、不在にてあへず。

午後飯沼君、山根大蔵次官を訪ひしも不在。

及川氏来訪。夕刻宇山書記官来る。

夜勇さん来る。

（受信）亀田力造

十二月二十八日（金曜）　晴

朝木村夫人を訪ふ。

三瓶を勇の処へ遣はし、鋸を借りる。

次田氏より電話。大池君を訪ふ。

十一時御用納の式。終戦の勅語を読む。

十一時四十五分次田氏を訪ふ。議長昨日来訪。拒りにくそうに拒っておられた。首相に対しては感謝して居られた。佐佐木侯は国学院、皇典講究所より手を切れるや。近藤等が問題にして居る。

午后石井記者、中井一夫、西田尚元、山崎富策諸君来訪。青木一男君の使来る（辞表持参）。

福原家令の使来る。高等官へ議会手当を持参。千三百円を主事以上に分ける。

西田は自由党へ入る由。五百円旅費をやる。

二時半より官舎にて麻雀。関、大池、内田。停電のため一チャンにて終る。

（発信）水野錬太郎氏

（受信）橋本辰二郎氏

十二月二十九日（土曜）　晴

議長、東久世両氏へ年末挨拶に行く。

登院。

十一時より議長官舎にて次田、大村、川西と麻雀。大勝。

六時より七時迄きんやにて食事。

正午宮坂君官邸に来る。松子への手紙（千五百円在中）を託す。

（受信）橋本氏よりからすみ

十二月三十日（日曜）　晴

登院。

次田、唐沢、酒井伯、佐佐木侯、小坂順造氏へ歳末挨拶に行く。

七時より内田、上滝、赤沼来訪、麻雀。

十二月三十一日（月曜）　晴　風

朝寒し。朝、洋行の途中上海辺でおりる支那人がチョコレトの包をくれた。それをだいて歩いて居る中にこぼれおちた。吉川が階段の横から出て来たので、よかったら拾って食べろと云った。残り手にあるのを食べるととてもおいしい。もっと買って帰ることにする（場所は長野の横大門の甘泉堂のように思はれる）。高岡の役場よりももう少し上の方で、二階の家がある。そこから表を見ていると正が外套を着て、あとから斉藤守光君がついて学校から帰ってくる。おりて行くとあまりやせているので、チョコレートを沢山食べさせやうと思って居たら、目が醒めた。

利男も同時刻頃、正が洗足の家で保民が体力検定に行くので洋服をきかへて居ると、そばにみつ子が居て自分が体力検定を受けた経験を話している。正も保民と一緒に行くと云って洋服をとりかへて居た。

関男、大石龍彦来訪。

吉家へ挨拶に行く。議長官舎の居間を整理す。

（発信）亀田力造へ返事、高宮太平　〃、橋本辰二郎（礼）、勅選に対する礼状

【解題】小林次郎日記

亜細亜大学法学部准教授
今津　敏晃

はじめに

本翻刻（以下、「日記」）は、最後の貴族院書記官長であった小林次郎の昭和二〇（一九四五）年の日記である。「日記」原本は日付を書き込むタイプの「日誌」に同年の一月一日から一二月三一日まで記載がある。また、巻末には「金銭出納録」のページがあり、こちらは同年一月六日から一二月三〇日まで金銭の出入りが記録されている。

さて、「日記」の記された昭和二〇年はアジア・太平洋戦争末期から敗戦後にかけての激動の時期であることは言うまでもない。また、国家体制についていえば、戦時下から敗戦後の憲法改正が視野に入りつつあった時である。それは小林の奉職する貴族院も同様であった。その点、「日記」は近代日本史上の一代転換期についての貴重な記録といえる。

内容面での特徴としては、同時期の議会の動きが判る史料が少ない中、議会、議員の動きを伝える点で貴重といえるほか、貴族院書記官長として内閣との接触もあり、政局の枢機に関わる情報が小林にもたらされることもあったことを指摘できる。

以下、まず、小林の経歴などを述べた上で、そうした点について「日記」の記述を挙げながら指摘し、解題に代えたい。

一　小林次郎経歴および関連史料について

小林次郎は明治二四（一八九一）年八月に小林頼利の次男として長野県に生まれた。東京帝国大学法科大学在学中の大正五（一九一六）年に文官高等試験に合格、翌六年に東京帝国大学法科大学卒業を待って司法官試補に任ぜられた。同年一〇月に司法官試補を免ぜられてのち、沖縄県属、沖縄県警部、沖縄県理事官などを経て、貴族院守衛長となり、大正九（一九二〇）年一月に貴族院書記官となった。同年一一月には速記課長に就任している。その後、行政裁判所評定官などをへて、昭和一三（一九三八）年四月に貴族院議事課長に就任。昭和一五年一二月に貴族院書記官長に就任し、大日本帝国憲法廃止にともない貴族院廃止までその職にあった。その間、昭和二〇年一一月には貴族院書記官長在任のまま、貴族院勅選議員に勅選された。貴族院書記官長のまま、貴族院議員となるのは、金子堅太郎以来のことであったという（『朝日新聞』昭和二〇年一一月二五日）。

貴族院廃止に前後して、昭和二二年に参議院開設準備委員長に就任、同年五月に初代参議院事務総長に当選し、以後、昭和二四年九月に辞任するまでその職にあった。昭和四二年七月に七五歳で死去。

小林次郎の旧蔵史料としては、「日記」も含まれる、国立国会図書館憲政資料室所蔵「小林次郎関係文書」があるほか、尚友倶楽部が所蔵する「小林次郎関係文書」がある。また、訳書にコンラード・ギル著『民衆と政治』（報知新聞社出版部、大正一三年）、著作に『ヒットラー政権の表裏』（帝国出版協会、昭和一一年、飯澤章治編となっているが、小林次郎執筆とのこと〈国立国会図書館憲政資料室『小林次郎関係文書目録』〉）、『国会生活の思い出』（松籟堂、昭和二五年）がある。

二　戦局と政治の動向

1　敗戦前

昭和一九（一九四四）年はアメリカ軍がサイパン、レイテへ侵攻し、敗色が濃厚になりつつあった。日本軍は起死回生を期すべく神風特別攻撃隊を出撃させるなどしたが、戦況は好転しなかった。昭和二〇年に入ると戦況はますます悪化し、硫黄島が陥落したほか、本土が空襲にさらされるようになった。三月一〇日の東京大空襲以降、一三日に名古屋、一四日、大阪、一七日、神戸と大都市が爆撃されていった。四月一日には沖縄に米軍が上陸する。

戦局の悪化は「日記」にも記されている。小林が接触した個人から情報がもたらされるほか、新聞記事などから得たであろう、空襲警報や空襲による被害情況が一月下旬以降「日記」の予記欄に増えていく（口絵写真参照）。

たとえば、一月三日には「関男より電話」の内容として「比島の失陥も遠からず、案外早く結末がつくに非ずやと考へらる。比島がおちれば、台湾をすておいて琉球、硫黄島をとり、次に本土に迫るべし。レーテ島の失敗もグアルダルカナルの失敗と同一規に出ている。此の分では本土上陸も絶無とは限られず。」と記されている。

こうした中、何かの機会に集まった人間同士が、政局の変化や敗戦を見越して、日本国家の行く末をめぐって情報交換し、議論を戦わせている様子が記されている。

既存の研究で明らかにされているように、昭和一九年段階で東条内閣打倒を目指して様々な政治勢力が動き、それらの合流が東条内閣退陣を引き出すことになった。そうした中に貴族院議員らの活動があったことも既に知られているところである。

ただ、東条内閣を引き継いだ小磯内閣は終戦への見通しがつかないなか、安定した政権運営をできずにいた。こうした不透明感が小林の元を訪れた人々の発言からも見て取れる。

一月五日には舘林（三喜男ヵ）の発言として次のように記されている。

> 内務省の官吏には、（一）どうにかなる、（二）指導者として敗戦の暁のことをも考へねばならぬが自分等の力ではどうにもならぬ、と云ふ二種の考へ方のものあり。大体は深刻に考へず。国民に投票させたらば一応武力戦を続くべしとの票多からむも、その内心には三流国でも国体を護持して再挙をはからむとする考強かるべし。東条内閣が存続せば今頃は戦況不利なるに付き国民を強圧し、

> ために国家は二分し治安は悪化せしならむ。小磯内閣の出現はこの風気を緩和せり。しかし無策なり。次の内閣は不明なるも寺内以外なし。こう云ふことを云ふと敗戦思想と云ふものあり。陸軍と云へども勝利を得ると考へおる者はなし。ただ米兵が本土上陸をしても日本人全部を殺すことが出来ぬと云ふ詮めがつけば、それが勝利的と云ふ者はあり。民族を亡ぼすことは歴史に徴し困難なり。

その一方、貴族院の正副議長や委員長などと行動を共にすることが多かったこともあって、大臣クラスや次官クラスと接触し、戦局に関する情報を受け取る機会があった。

また、注意を引く記述に「加瀬俊一」を経由して情報が伝えられていることが挙げられる。ただ、この「加瀬俊一」には重大な問題が一つある。当時の小林周辺の人物としては外交官として有名な加瀬俊一（としかず）のほか、同姓同名の人物が、貴族院書記官に昭和一九年三月九日〜昭和二〇年一二月三〇日まで在職しているのである（衆議院・参議院編『議会制度百年史』資料編〈大蔵省印刷局、平成二年〉、三八九頁）。この両者のどちらかを判定する決め手を見つけることができなかったが、後述のように内容が外交関係や内閣内の動向にわたることから、当時、大東亜大臣秘書官、政務局第五課長、情報局第三部長、情報局報道部長などを務めていた加瀬俊一（としかず）と推測される。

実際、加瀬俊一（としかず）は戦後の文章で小林について次のように述べて、小林が重光葵外相と貴族院議員らとのパイプ役を果たしたことを高く評価している。

それなればこそ、重光は夙に政界、財界、言論界に密かに知己を求めて、平和のための工作を隠密裡に進めていたのである。事は機微に属するから彼の真意を知つて居たものは極めて少ない。彼と私とだけは一身同体であつた。ただ、事破れた際に廟堂に立つ外相に責任が及んでは国家の損失である。故に、私は表面私だけの責任で存分に動いた。しかし、背後には重光外相が控えていてくれたのである。

かくて重光外相の承認の下に陸海および内大臣府に各一名ずつの連絡者が定まり私と共に四名が中心となつて臨時会合しては意見を交換していたのである。陸軍松谷大佐、海軍高木少将、内大臣府松平侯爵がそれである。

貴族院小林書記官長も亦憂国の赤誠あふれる達見の人物で、陰に陽にわれわれを援助してくれたが、同書記官長は屢々貴族院の高名なる幹部を集めては外相と懇談する機会を作つてくれた。（加瀬俊一「重光葵」〈『文藝春秋』二八巻六号、一九五〇年〉、一六八頁）

なお、加瀬俊一（としかず）が記したという「東条内閣挂冠事情」（昭和一九、七、一七〈加瀬俊一『加瀬俊一回想録』（下）〈山手書房、一九八六年〉三〇頁～三九頁所収〉）によれば、小林と加瀬は東条内閣打倒運動の一環で昭和一九年七月には接触していたようだ。

なお、重臣が一致して入閣を拒否すれば改造行き詰まるべしとの見地より重臣の結束を固むる工作

に着手し、広田重臣に対しては貴族院書記官長を通じて重ねて手配せり。（昭和一九年七月一五日の条、加瀬前掲書三六頁）

午前九時、小林貴族院書記官長を官舎に往訪し、政局に付き意見を交換す。政府は八条子、井上（三郎）侯をして貴族院の内閣改造支援工作をなさしめたるも議員は一顧も与えざりし由、他方、迫水、美濃部両君は外相を私邸に往訪し、総辞職促進に付き意見を申し述べたる由。（昭和十九年七月一六日の条、加瀬前掲書三六頁）

さて、「日記」に見える加瀬経由の情報としては日ソ交渉や近衛上奏文（二月二八日）、小磯内閣退陣の理由が、昭和天皇から求められた陸海、軍政の連携の見通しが付かなかったからということ（三月一一日）など、政局、戦局の枢機に関わる情報が加瀬を経由して小林にもたらされている。さらに、鈴木貫太郎内閣成立後にも、四月一〇日に内閣に対する陸軍の要求、鈴木が和平工作を考えていることなどが伝えられている。これらの内容からは同時期から「日記」に見えるようになる終戦をめぐる動きの一環として貴族院側への接触が図られていることが推測される。

また、重光葵が関わっていることを示す記述も四月一三日に見える。

夜前田別邸へ加瀬に招かる。重光、松平康昌侯、松本忠雄、森下国雄等同席。

重光　鈴木は十分時局を認識せず、岡田は迫水を遠慮さすべきもの。

松、迫水、小川一太郎、鈴木一の会話の由。始め鈴木は迫を官長にする考なし。銀行局へ戻って仕事をしてくれと云ふ。迫、鈴木を動かし官長となる。

重光氏、鈴木内閣は重臣の予期せしものと異った形になりたり。

加、重光の重任に反対せしは小磯なり。小磯より鈴木に茶々を入れたり。


小林が接触対象に選ばれた理由を「日記」に見える小林の行動から説明すれば、各会派に接触可能で、会派の枠にとらわれず議員らと交流し、かつ、重臣へのルートも持ち合わせているなど、貴族院書記官長が情報や工作の結節点として評価されてのことであることが、「日記」からも裏付けられる。実際、小林の近辺では、後継内閣やそれへの陸軍の関与の問題などが取り沙汰され、あわせて重光葵の徳川圀順貴族院議長への面会希望（三月一四日）や、近衛文麿を通じた倒閣上奏の動き（三月一八日）などが見えるのである。そして、三月以降も小林と加瀬や重光との接触は続けられ、小林へ国内政局や終戦工作に関する情報が届けられ続けている。この点は貴族院書記官長の政治的位置を考える上で興味深い。

余談だが、加瀬との接触は敗戦後にも続けられており、アメリカの動向などの情報が伝えられている（一〇月二五日）。

2　敗戦後

ポツダム宣言受諾によって戦闘が終わり、東久邇内閣が成立したことを受け、先行きは不透明ながらも徐々に平時へと復帰していった。小林も八月一七日に「一時より職員を集め、平常通り職務に力む可きことを話」したという。

また、議会は閉会中から貴族院の各派交渉会や世話人会、小委員会が活動を始めたこともあり、事務局としてそうした活動のサポートしている様子が窺える。さらに、小林自身は議員や閣僚、次官クラスの人物を訪問し、接触している。お祝いだったり、お悔やみだったり、もあるが、佐々木行忠（侯爵、火曜会）の親任待遇を国務大臣に就任した緒方竹虎と相談しているといったことも窺える（八月二〇日、八月三〇日）。平時への復帰と並行して戦時下の論功行賞の動きが進んでいたのかもしれない。

一方、敗戦を機に、議会関係の活動の記述が主となり、政局の情報の比重は低下していく。小林自身の政治的役割も平時に戻ったことの表れだろう。

もっとも、全く無くなったわけではなく、小林が接触した者から伝えられる日本側政治家とＧＨＱ担当者との接触や天皇の戦争責任の問題については比較的詳細な記述が見られる。たとえば、事実としてはよく知られていることになるが、関屋貞三郎とフェラーズの対談についても次のように小林が関屋を訪問して内容を確認していることが記されている。

関屋氏がフェーラスによばれ、開戦に関する陛下の責任につききかる。無責任を話せしに、側近の

ものは責任をとるべきものなりと云へりと云ふ。(一〇月一八日)

関屋氏を訪ふ。十六日及昨夜フェラースに面会す。天皇の平和愛好者なることを説明す。フェは側近がもっとよくアドバイスをすべきだったと云ふ。又昨夜はフェは東条が変なことを云はぬやう注意すべる〔ママ〕を可とすと云ふ。之に対してははっきり返事をしなかった。(一〇月二二日)

三　議会に関して

1　敗戦前

敗戦以前の議会関係の記述は小林の職務を反映して戦時下の議会の様子が記される。そうした中には議員の発言手続きをめぐるもの、提出法案や議事進行の扱いについてなど議事運営上のものが多い。しかし、戦況の悪化にともない、議員内でも政府や軍を批判、問い糾す動きが活発化していく様子もしばしば登場するようになる。それに対応するように政府も議会での質問に神経をとがらせていたようで、三月一日には伊東二郎丸(子爵、研究会)と石渡を訪問し、本会議での戦況の説明を求めたが、石渡から「軍政、軍令両者とも作戦に多忙、議会の為めに手をぬく事は作戦に支障を来すから今は軍は説明できずと」と述べられている。結局は議会ではなく、議会外で小磯首相らから説明を受けることになった。しかし、それは「和かにはなりたるも、重点ははづれる。」というものだったようだ(「日記」三月三日)。さらに、三月八日には「開会前石渡氏来院、米英のききたそうなアルミニュームはいくら、飛行機はいくらなんてきいて貰いひたくない。」と石渡荘太郎内閣書記官長から伝えられている。戦時下の議会が単なる翼賛組織では無くなっていたことが窺えて興味深い。

また、日記の記述からは貴族院内でも議員らが特別の活動をするべく行動をしていた様子もうかがえる。

その一つが「乙酉会」である。この会合の発端は、二月一二日に大蔵公望がセッティングし、「伍堂、下村、関屋、大橋、湯沢、岩田、小原、大蔵、松村、岡、太田耕造、河井」らが出席した会であった。この席上、下村宏から「貴院が政治活動をなす必要を感じ始めたる運動が、各派連絡委員会となりて表はれしは不本意なるにつき、改めて一の団体を結成したし。それには①各派を解消すること、②対研究会団体の結成、③何れも実行難故真剣な少数の有志が会派を超過して集り、時事問題を研究することにしたきにつき、その構成員等につき御意見を承り度しと」述べ、さらに一五日に参集することになったという(「日記」二月一九日)。

二月一五日の席には「下村、関屋、伍堂、大橋、岩田、岡、松本烝治、河井、太田」らが出席、河井からは少人数での集まりとし、さらに「華族は互選の問題等もある故除外するを可とす」という意見がでたという(「日記」二月一八日)。

ただ、当初は路線をめぐる混乱もあったようで、二月二〇日に岡喜七郎〔勅選、交友倶楽部〕が次のように述べている。

> 岡氏、乙酉会の話あり、十二日夜の会合、下村より貴族院は何をしているかと云われても困るから、憂国の士が集り貴族院として為すべきことありいや否や研討〔ママ〕したし。それについては如何なるメンバーでやるか御考を承りたしと云ふ。前に下村に案を予め備へることを頼みおきしも案を持ち来たらず。会派解消論、研究会脱会論ありしも未定。岡氏は東京が焼土とならむとしている際、閑日月を談ずるは不可、茲に集りし人だけで時事を談ずるを可とす、拙速を尊ぶ、との意見出づ、入会希望者は無記名投票にて任することとする。（二月二〇日）

この下村の動きの鈍さの背景には、翼賛政治会との関係もあったようだ。同じく二月二〇日の記述に次のようにある。

> 一九日翼政の総務会あり、伍堂、八条が小林総裁に面会す。総務会の終了後貴族院出身の総務に居残りを願ひ、新政治団体の結成につき助力を依頼す。伍堂、下村は新団体に貴族院が一緒に行くことを希望す。話の最中に小林総裁が伍堂を別室へ招き、首相も貴族院が入ってくれることを希望する旨伝ふ。（二月二〇日）

貴族院議員独自の活動をめざす動きと、翼賛政治会との合流を考える動きとが混在してしまっていたのだ。

ただ、出席者の一人である河井弥八の日記を見ると、下村の方が少数派であったことがわかる。

二時放送協会に下村宏氏を訪問す。去十二日夕の貴族院有志会の申合に基きてなり。下村、関屋、大橋、岩田、岡、太田、河井、松本出席協議す。伍堂氏は遅れて来会す。会員数に関しては結局成るべく少数とすること（予は本日出席せし人に限り、従来の関係者と雖若干之を除くことを主張す）とし、従来の関係者は加入せしめ、更に少数を加ふることに決す、新規加入は本日の出席者より次回に於て推薦し、其加否は無名投票に依り、否とする者一人ありとも之を加へざることとし、各派は其現在数に比例せず成るべく均等を保つこと、会名を乙酉会とし一定の会費を徴収し、会場を工業倶楽部とし、斡旋を松本氏に依頼することとす。岡氏より具体的問題討究を先要とすとの提議あり、当然のこととして決定せしに、下村氏より小磯、小林両氏連名にて翼政会々員募集の挙あり、之が可否を問題とす。各員悉く之を否とす。而して其程度に強弱あり。予は次に貴族院議員にして翼政会在籍者は直に脱会すべしとの意見を提出す。下村氏は見当違ひの論を以て反対す。関屋氏賛成なり。遅参せし伍堂氏より翼政会々員募集方法に関する翼政会員の意向を伝へらる。公正会大蔵男、松村氏来会せず。（尚友倶楽部ほか編『河井弥八日記』戦後編1〈信山社、二〇一五年〉二月十五日）

翼賛政治会への合流の問題はその後、乙酉会内では立ち消えになったようで、河井の日記をみる限り、乙酉会は新会員の加入協議や議会での活動などの相談をしている。

もっとも、翼賛政治会も貴族院議員の勧誘を全く諦めた訳ではなく、「日記」の二月二六日には貴族院の世話人、連絡委員と貴族院議員で翼賛政治会の役員である議員との話し合いの席がもたれ、席上、「八条と伍堂、下村、滝等は貴族院としての参加を希望」したという（二月二六日、中御門経恭〔侯爵、火曜会〕からの情報）。もっとも、中御門は「彼等は金が貰へるからである。」と辛辣である。

その後も、小林躋造らの勧誘活動が続いていることが「日記」からもうかがえるほか、河井の日記には「小林躋造氏より新政治結社造成に付加入勧誘書を送来る。小磯総理大臣の勧誘状を同封す。」とある（『河井弥八日記』三月三日）。こうした記述からは貴族院議員らを衆議院議員同様にまとめあげてなんらかの統制ある支持基盤にしようという政府側の工作の様子がうかがえる。

しかし、貴族院の大勢を動かすには至らず、三月二三日星野直樹の発言によれば「熱心なのは伍堂位なり。下村、湯沢、八条も逃げた。」という状況となった（三月二三日）。

なお、小林や小磯の活動はのちに大日本政治会結成へとつながるが、同会には衆議院議員が多数集結したのに対して、貴族院議員の参加が少数にとどまったことが知られているまた、乙酉会自体の活動は敗戦後まで続けられていることが「日記」や『河井弥八日記』から判る。

乙酉会の活動以外では、敗戦の危機感から議員らが会合し、意見交換をしていることが窺える。

議長、皇室存続、国体護持のためには、国民は精神的に玉砕するも、肉体的に玉砕するも可なり。

只戦へさへば〔ママ〕よいと云ふ肉体的玉砕には反対と、昨日も大大名等華族集りて云ふ（島津、徳川正、浅野）。（三月三日）

浅〔浅野長武〕、この際華族として何か御手伝できるかと云ふことを相談するため集る。本日も宗秩寮総裁に面会せり。嘗松平宮相のときその旨を申上げたり。華族だけでするのも差し障りあり、考慮中。（七月六日）

そうした中、敗戦直前の七月下旬になると小林の元へ来た貴族院議員らがさまざまな意見を述べていったようで、小林はその内容を詳細に書き留めている。聞き流したり、発言した事実だけを書き記すのではないところから、こうした議員たちの考えを伝えるべき相手がいたことを勘ぐりたくなる。先に述べたような、情報、工作の結節点としての自覚が小林側にもあったのかもしれない。

2　敗戦後

敗戦後、連合軍による日本の民主化が避けがたいものとなったとき、貴族院も院の内外からそれへの対応を迫られた。九月中の記述には新聞や勅選議員のほか、研究会員からも貴族院改革への対応が主張されていることがわかる（九月七日、一二日）。

たとえば、九月七日には読売新聞に「貴族院改革」の記事が載ったことが記された。小林は、警視庁の藤井に対して「貴族院改革につき発言するは混乱を生ずるおそれあるにつき、今日は一切云はずと云ひおく。」と述べている。

そのような動きに対して、貴族院側が対応を開始したことも「日記」から判る。たとえば、九月一〇日に緒方竹虎内閣書記官長に「貴族院制度調査会」の設置について意見を伝えているほか、九月二九日の「世話人会」で貴族院制度調査委員会の設置の決定がなされている。

こうした動きが軽微な制度変更に止まることを期待してのものであったことを推測させる記述も見られる。一〇月二四日には溝口直亮（伯爵、研究会）が、「貴族院改革は公侯の互選、華族議員の減員、勅選の減員及ひ任期、多額議員の改良等の程度に止まるべし」という予想を述べていたことが記されている。

その一方、東久邇内閣に国務大臣として入閣した近衛の動きについての悪評が小林の元へ伝えられていたことが「日記」から窺える。

近の出たこと評判悪し。近はつまらぬものを推薦するので困る、と緒方は云っていた（古島）。正力を推薦したらしい。（八月十八日）

吉家、松本健次郎氏曰く、「近衛と云ふ人は判らぬ。一体公卿の心理と云ふものはわからぬ。近衛はずるい。」（八月十九日）

井上子来室。近はよく出た、出られぬ筈だ、木戸と共に徳川公を暗殺し、軍、官の野心家と結託して今日を招来したのだ、大東亜戦を始めるときは反対だとしても大責任者だ。（八月二十九日）

次田、近や首のマにあいしは、自己釈明の為め。媚態は見るに忍びず。（九月二五日）

近衛自身は「陛下及殿下より御言葉ありし故出た、しかし長くはありませんよ」と述べたというが（八月二八日、「山崎」に対しての発言）、周囲にはこうした近衛の行動は日中戦争拡大、日米開戦回避を投げ出したといったことなどの責任をとらずにいる行動と映ったようだ。

この近衛評は憲法改正が現実味を帯び、内大臣府御用掛として近衛がそれに参画することが決まると、さらに厳しくなる。

「日記」一〇月一四日には発言主を明確にせずに、「よきことだけ自分がとり、悪きことは責任をとらぬのは悪し。／憲法改正の如きは内大臣府秘かにすべきことなり。マの意思を忖度迎合して自分の一身の安堵のため陛下を犠牲にするは不忠なり。」と記されているほか、一〇月一六日には「酒井」（名不明）が「内府で憲法改正を立案するは近、木の失敗。近□〔ヨゴレ〕に対する世間の非難は本人が思っている以上なり。一時引こみ責任をとることが必要なり。華族は一人やめるべきものに非ず。やめるなら皆一緒にやめる方がよい。」と述べたことが記されている。一〇月一九日には中御門経恭が「近衛はおいつめられた。戦争責任を負ひ、爵位、勲等、位階を返上すべきもの也。但し文隆に爵を賜はることとすべし（石渡と予め打合す必要あり）。一旦責任をとりたる後政党の総裁に出るなり何なりは自由なり。」と発言したことが記されている。一〇月二二日には浅野長武（侯爵、火曜会）が「近公が憲法の改正を急ぐ理由はわからん。」と述べたことが記されている。

このように近衛の「変わり身の早さ」に近衛と近しい人物からも批判や疑問が噴出している様子が見て取れるのである。

近衛への批判が象徴的なものであるが、戦時下の責任を問われるという点では、他の議員らも同じであった。しかし、このように貴族院議員や政治家としての責任論などで貴族院が防戦に立たされる一方で、そうした状況だからこそ貴族院が重視されていたという点も垣間見える。

一二月一二日に、李燧煤貴族院書記官が次田大三郎（勅選、幣原内閣国務大臣兼内閣書記官長）が清水澄枢密院副議長に貴族院令第十三条（貴族院令の改正増補には貴族院の議決を必要とする内容）の削除という貴族院改革案を打診した際の清水の返答が「枢府は反対せざるべし、早く貴院を君主化する必要あるによると説明せば可ならむ」というものであった。清水が本心としてそう述べたのか、また、枢密院の反対を予想しての説明のための論理にすぎなかったのかは判らない。ただ、この内容からは天皇、国家の危機に際して、「皇室ノ藩屏」という華族ひいては貴族院の存在意義が再認識されていたことをうかがい知ることができる。後の歴史を知る者としてはＧＨＱの圧倒的な権力の下、憲法改正、貴族院廃止が実現したことが当然のように思えるところだが、別の形での体制構想も存在していたのである。

四　小林の周辺および戦時下の生活

政治関連の記述が多くを占める「日記」からも、時折、戦時下から敗戦後にかけての生活の様子が窺える記述が見える。

たとえば、「いも」「林檎」「砂糖」「バター」「酒」「卵」などもののやりとりが記されている。このうち林檎などは長野出身の小林らしさが出ているともいえるが、いずれにせよ、戦時下、敗戦後の物資不足の生活の様子がうかがえる。

その一方、麻雀の勝ち負けの記録や、今回は翻刻を割愛した「金銭出納録」の詳細さからは、小林の几帳面さが窺える。同じく今回の翻刻では割愛したが、「日記」本文の最終部分（日付無し）の記述は

　　予算　　　　　　　支出

　一七三五〇四、〇〇　　議長御手許へ一括

というものであった。

そのような日常の描写の中で、小林の家族関係の記述として特筆したいのが夢をめぐる記述である。

松子「昨夜庸二が屋根の上でねころんで本を読んでおり、その傍に鼠をおひし大きな猫が来て、大きな口をあき赤い舌を出して居るので、松子は庸二に逃ろと云ふが庸二はにや〱して居る、その

内に猫ととっくみ遂に猫を負かして笑って居る。弱虫でも戦争に行ったので強くなったなあと思った」と云ふ夢を見し由。(二月一七日)

庸二帰還の夢を見る。ニコ〳〵して居た。手紙を二通しか受取らぬと云ふ。(一一月二六日予記欄)

朝、洋行の途中上海辺でおりる支那人がチョコレトの包をくれた。それをだいて歩いて居る中にこぼれおちた。吉川が階段の横から出て来たので、よかったら拾って食べろと云った。残り手にあるのを食べるととてもおいしい。もっと買って帰ることにする(場所は長野の横大門の甘泉堂のように思はれる)。高岡の役場よりももう少し上の方で、二階の家がある。そこから表を見ていると正が外套を着て、あとから斉藤守光君がついて学校から帰ってくる。おりて行くとあまりやせているので、チョコレートを沢山食べさせやうと思って居たら、目が醒めた。

利男も同時刻頃、正が洗足の家で保民が体力検定に行くので洋服をきかへて居ると、そばにみつ子が居て自分が体力検定を受けた経験を話している。正も保民と一緒に行くと云って洋服をとりかへて居た。(一二月三一日)

この記述に登場する利男、庸二、正らはいずれも小林の子であるが、このうち正については一月三一日の日記に墓参の記事があるとおり、この昭和二〇年の二月の時点で故人であった(昭和一七年八月一日没）。また、庸二は出征先のセブ島で昭和二〇年八月一六日に戦病死している。そうした会えない家族との出会いが夢というかたちで記述されているのである。激動の昭和二〇年にあって、最終日がこの夢の記述であることから想像をたくましくすれば、小林の戦後はこうした家族への思いを抱き続けながらのものであったということもできるのではないだろうか。

昭和二〇年一一月一日　貴族院職員表（『貴族院要覧』昭和二〇年一二月（丙））

書記官長　　　　小林　次郎
議事課　書記官　課長　寺光　忠
同　　（兼）近藤　英明
同　　主事　海保　勇三
同　　（兼）森田　恭平
同　　大野　大
同　　（兼）蒲生　貞喜
同　　佐倉　信夫
同　　三枝　久策
同　　新井　英夫
委員課　書記官　課長　河野　義克

同　（兼）寺光　忠
同　（兼）長谷川信雄
同　（兼）宮坂　完孝
事務官　（兼）李　燧煤
同　（兼）高橋　和義
属　小田　定暉
同　田中　要吉
同　小沢　俊郎
同　（兼）野村　章
同　伊藤　宏道
同　島　正雄

同　福田　八郎
同　（兼）加藤　嘉明
同　（兼）高谷　豊久
同　政安　実
同　嘉陽　安春
同　玉城　佑清

速記課

書記官　課長　小野寺五一
書記官　（兼）寺光　忠
事務官　（兼）高橋　和義
速記士　山田　到
同　入内島修一
属　浅原　喜文
同　石川　市郎

同　藤井　信博
速記技手　（兼）小田　定暉
同　森田　恭平
同　斎田　夙麿
同　畑田　明
同　鬼塚　明治
同　久野　安一
同　下島　三郎
同　福地　和正
同　友野　勝雄
同　田中　甚蔵
同　小山内　巽
同　古川善吉郎

同　柴田　喬
同　大島淡海
同　的場勇夫
同　出口正太郎
同　上田利一
同　糸若　遜
同　梅川健治
同　赤坂　薫
同　上松義郎
同　木村藤曹
同　柴田満雄
同　長井富雄
同　神崎昌雄

同　月江　匠
同　小泉武夫
同　大崎甚衛
同　畑田専二
同　高野省三
同　木村武雄
同　岡田源次
同　小原正太郎
同　片山吉雄
同　宮崎玄光
同　白井行雄
同　土屋俊治
同　藤代　薫

同　会田　孝
同　久保田義男
同　大槻　倉二
同　筒井　英雄
同　福原　諄治
同　中村　わか
同　渋谷　栄子
同　後藤　矜子
同　川出ひさ子
同　藤井　房江
同　五十嵐邦太郎
同　中島　正治
同　平田　貞治

同　川島　昇
同　湯本　次郎
同　三枝　逸郎
同　河野　尋則
同　渡辺　正幸
同　島田　一郎
同　下鳥　一弥
同　浅井　勇
同　飯島　近雄
同　神力　宏
庶務課　事務官兼書記官　課長　近藤　英明
事務官　高橋　和義
理事官　内田　明

同　（兼）田村角太郎
属　（兼）斎田夙麿
同　（兼）鬼塚明治
同　百瀬栄光
同　川崎信助
同　（兼）土橋晃
同　（兼）小沢俊郎
同　山崎戊八
同　上野山正輝
同　山口恵吉
同　青木喬
同　木村実
同　永井恒雄

同　新倉登
同　加藤芳輝
同　村尾龍雄
技手　渋井徳之助
同　（兼）衆議院技手　舟崎正信
警務課
書記官　課長　宮坂完孝
同　（兼）近藤英明
守衛長　田村角太郎
同　清水茂助
守衛副長　（兼）赤沼香
同　（兼）小田定暉
同　（兼）百瀬栄光
同　（兼）川崎信助

同　土橋　晃
同　（兼）青木　喬
同　（兼）木村　実
同　下倉　辰男
同　山田　忠雄
同　上田　文治
同　細野　銀平
守衛　林　紋平
同　阿部　健吾
同　伴　侃爾
同　小野　勇
同　坂本　勝次

調査部 部長　書記官長　小林　次郎
第一課 書記官　（兼）課長　河野　義克
同　（兼）小野寺五一
同　長谷川信雄
同　（兼）宮坂　完孝
属　主事　赤沼　香
同　（兼）大野　大
同　（兼）小沢　俊郎
同　蒲生　貞喜
同　河野　太郎
同　島崎伊之助
第二課 書記官　（兼）課長　河野　義克
同　（兼）加瀬　俊一

同　（兼）寺光　忠
同　（兼）宇山　厚
事務官　（兼）高橋　和義
属　主事（兼）海保　勇三
同　（兼）大野　大
同　野村　章
同　（兼）佐倉　信夫
同　（兼）三枝　久策
同　（兼）新井　英夫
同　（兼）玉城　佑清

第三課

書記官　（兼）課長　河野　義克
事務官　李　燧煤
属　（兼）小田　定暉

同　（兼）伊藤　宏道
同　（兼）島　正雄
同　（兼）福田　八郎
同　加藤　嘉明
同　高谷　豊久
同　（兼）政安　実
同　（兼）嘉陽　安春

小林次郎　略年譜

明治二四年八月　長野県上水内郡高岡村（現飯綱町）生
大正五年　旧制長野中学、旧制第五高等学校を経て東京帝国大学法学部入学
大正六年　高文合格
　　　　東京帝国大学法学部卒業　司法官試補
　　　　沖縄県警視、同理事官を経て
大正九年一月三一日　貴族院書記官　守衛長
　　　一一月　速記課長兼議事課兼庶務課書記官
大正十年三月　欧米各国出張（万国議員商事会議参列議員に同行）
大正十一年四月　支那へ出張（貴族院議員視察に同行）
大正十四年十一月　台湾香港支那へ出張（議員に同行）
昭和四年五月　欧州各国出張（万国議員商事会議参列議員に同行）
昭和六年　庶務課長兼速記課長兼議事課書記官
昭和七年　庶務課長兼議事課書記官兼委員課書記官
昭和八年四月　兼行政裁判所評定官
　　　六月　南洋群島、比律賓、香港、台湾へ出張（貴族院議員視察に同行）
昭和九年五月　朝鮮、関東州、満州国へ出張（貴族院議員視察に同行）
昭和十年六月　欧州各国出張（国際会議参列議員に同行）
昭和十三年　議事課長兼庶務課長兼委員課書記官兼警務課書記官

昭和十四年　議事課長兼委員課書記官兼庶務課書記官兼警務課書記官

昭和十五年六月　満州国へ出張（貴族院議員視察に同行）

一二月四日　貴族院書記官長就任

昭和十七年九月　満州国へ出張（貴族院議長視察に同行）

昭和二〇年一一月　貴族院議員・貴族院記官長

議会制度審議会委員

昭和二二年四月　参議院開設準備委員長

昭和二二年五月二日　貴族院議員・貴族院書記官長退任

昭和二二年五月二一日　参議院事務総長

昭和二二年一二月　信濃育英会理事（～昭和二六年一一月）

昭和二四年　九月　参議院事務総長　辞任

昭和二六年一一月　信濃育英会副理事長就任

昭和二八年　比律賓協会副会長

長野県政監査委員

昭和二九年二月　全国治水砂防協会監事就任

昭和三二年三月　信濃育英会理事長就任

昭和三四年六月　全国治水砂防協会常任監事就任

昭和四一年四月　全国治水砂防協会常任監事辞任

昭和四二年七月三日　没

小林次郎　関係系図

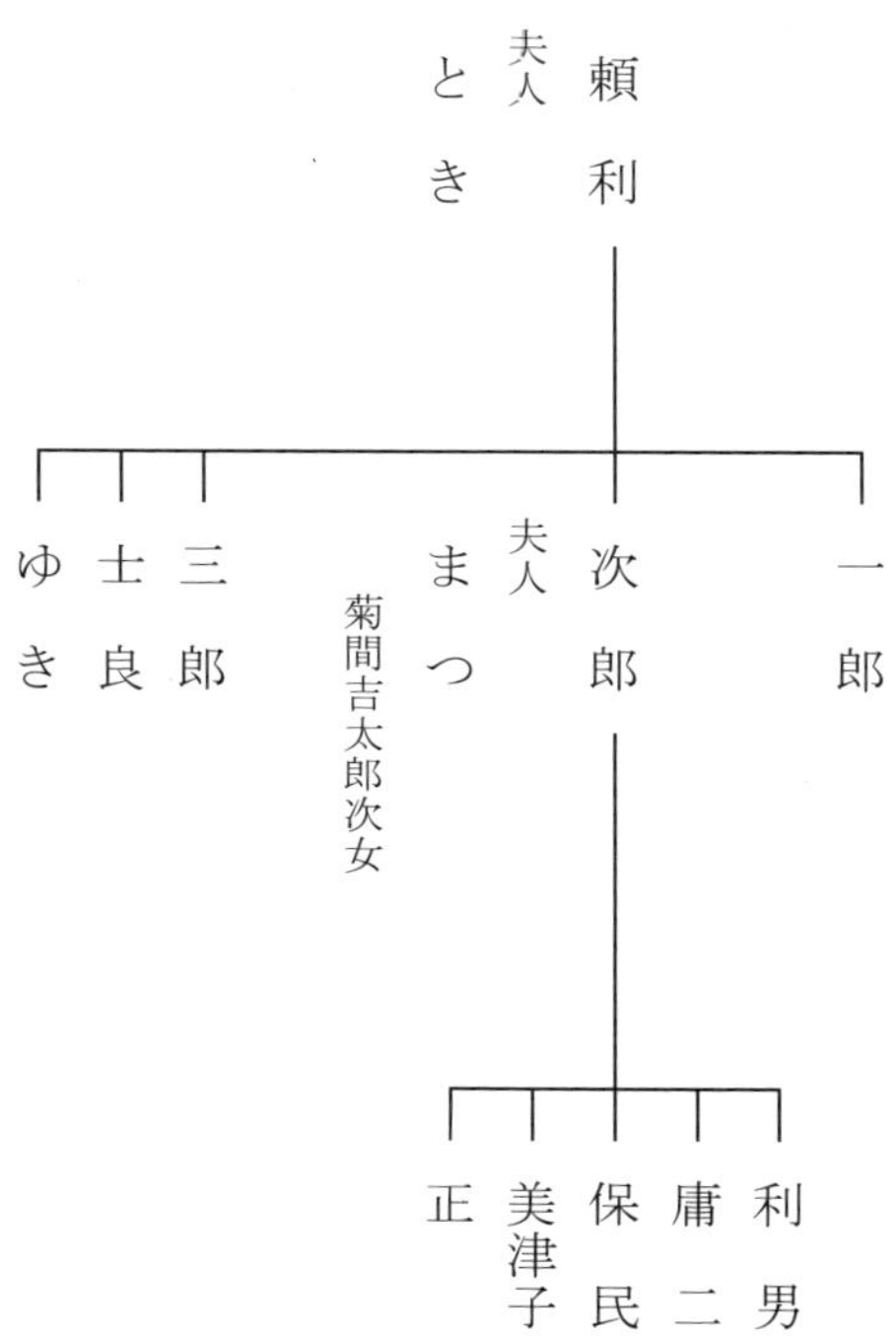

後記

本書は、国立国会図書館憲政資料室が所蔵している『小林次郎関係文書』の「日記・昭和20年」を翻刻した。刊行に際し、小林次郎氏令孫・藤野京子氏は本書の翻刻刊行を快く承諾されたのみならず、撮影許可、また小林家ご親族についてご教示を賜る等、種々ご協力いただいた。同じく小林次郎氏令孫・小林茂子氏からは、ご所蔵のアルバムをご提供賜り、貴重な写真をグラビアに使わせていただくことができた。

伊藤隆・東京大学名誉教授には、尚友ブックレットにふさわしい優れた史料として評価を賜り、種々ご助言いただいた。伊藤隆氏が編者として推薦くださった今津敏晃・亜細亜大学准教授は、編集、校正、解題執筆のすべてを担われ、本書を史料集として完成された。霞会館非常勤嘱託・松田好史氏には校正の段階でご助力を得た。

原本はインク書きで、諸所ににじみ、シミ、かすれもあり、解読が非常に困難であったが、尚友倶楽部嘱託・松平晴子氏は根気よく読みとき、かつ入力された。また、国立国会図書館憲政資料室には原本参照、撮影等種々ご協力を得た。

上記のごとく多くの方々のご尽力、ご協力を得て本書が刊行に至ったことを心より感謝申し上げる。尚友倶楽部史料室・松浦真がグラビア画像を担当し、編集・校正には藤澤恵美子、上田が参加した。

敗戦をはさんだ貴重な記録として、本書が日本近代史研究に寄与することを願ってやまない。

上田　和子

編者

一般社団法人尚友倶楽部（しょうゆうくらぶ）

旧貴族院の会派「研究会」所属議員により1928年に設立された公益事業団体。学術研究助成、日本近代史関係資料の調査・研究に取り組んでいる。その成果は、『品川弥二郎関係文書』『山県有朋関係文書』『三島弥太郎関係文書』『阪谷芳郎東京市長日記』『田健治郎日記』などの資料集として37冊出版されている。

今津 敏晃（いまづ としあき）　亜細亜大学法学部准教授

1974年生。東京大学大学院人文社会系研究科博士課程単位取得満期退学。関東短期大学非常勤講師、亜細亜大学法学部講師を経て、現職。主な業績に「第一次若槻内閣下の研究会」（『史学雑誌』112篇10号、2003年）、「一九二五年の貴族院改革に関する一考察」（『日本歴史』679号、2004年）、「近衛篤麿日記」（千葉功編『日記に読む近代日本』第2巻、吉川弘文館、2012年）がある。

最後の貴族院書記官長 小林次郎日記（こばやしじろうにっき）

――昭和20年1月1日～12月31日――

〔尚友ブックレット *31*〕

2016年11月30日　発行

編　集

尚友倶楽部史料調査室（しょうゆうくらぶしりょうちょうさしつ）・今津敏晃（いまづとしあき）

発　行

(株)芙蓉書房出版

（代表 平澤公裕）

〒113-0033東京都文京区本郷3-3-13

TEL 03-3813-4466　FAX 03-3813-4615

http://www.fuyoshobo.co.jp

ISBN978-4-8295-0699-8